STEFANIE ARLT

111 Basen-Rezepte für Genießer

Mit Basenfasten überschüssige Säuren abbauen, Vitalität steigern, das Abnehmen unterstützen

2. Auflage

humboldt

4 **VORWORT**

7 **BASISCHE ERNÄHRUNG – DAS SOLLTEN SIE WISSEN**

8 **Grundlagen der Basenernährung**

9 Säuren und Basen – der pH-Wert

10 Wie es zur Übersäuerung kommt

12 Übersäuerung durch Ernährung vermeiden und ausgleichen

13 **Einteilung der Lebensmittel in sauer und basisch**

16 Können basische Lebensmittel durch kochen „sauer" werden?

17 **Die basenüberschüssige Ernährung**

18 Basische Ernährung ganz praktisch

21 Basische Lebensmittelliste

27 Diese Geräte sollten/können Sie zu Hause haben

28 Diese Lebensmittel sollten Sie immer im Haus haben

31 **111 LECKERE REZEPTE**
32 Basisrezepte
42 Frühstück
50 Dressings und Dips
58 Salate
76 Pestos und Saucen
81 Suppen
92 Hauptgerichte
158 Süßes
166 Getränke

170 **ANHANG**
170 Quellenverzeichnis und nützliche Links
170 Danksagung
172 Rezeptregister

VORWORT

Liebe Leserin, lieber Leser,

wie bin ich zur basischen Ernährung gekommen? Schließlich bin ich keine Ärztin oder Ernährungsberaterin. Ich saß an meinem Rechner und stöberte im Netz nach neuen Abnehm-Ideen, denn ich habe in meinem Leben wirklich schon jede Diät gemacht, die es gibt. Mit welchem Erfolg? Leider ohne Erfolg oder schlimmer: mit Jo-Jo Effekt. Ich wog also schon bald nach dem Ende der Diät mehr als vorher. Dann stieß ich auf das Schlagwort „basische Ernährung". Es erregte meine Aufmerksamkeit, weil ich las, dass mit dieser Ernährung nicht nur Kilos verschwinden, sondern auch so manche Krankheitssymptome.

Ich fing an, mich in den basischen Lebensstil einzuarbeiten, begann basisch zu kochen, stellte meine Ernährungsgewohnheiten komplett um und verlor ganz nebenbei nicht nur elf Kilo in drei Monaten, sondern auch viele kleine „Wehwehchen", die ich schon als selbstverständlich hingenommen hatte: Mit der Zeit konnte ich meine Finger wieder ohne Schmerzen bewegen, ich schlief ohne Probleme ein und die ganze Nacht durch, meine Verdauungsbeschwerden verschwanden und damit Blähungen, ständiges Aufstoßen und Sodbrennen. Außerdem hatte ich plötzlich ständig gute Laune und es schwebten keine kleinen schwarzen Wölkchen mehr über mir. Mein Hautbild verbesserte sich und Pickel lösten sich in Luft auf, ich bekam weniger Erkältungen und auch mein „Herzhoppeln" verschwand.

Das bestätigten mir dann auch meine Blutwerte: Meine chronisch erhöhten Cholesterinwerte sanken und meine Zuckerwerte pegelten sich im Normalbereich ein. Ich fühlte mich einfach wie generalüberholt. Ich behaupte nicht, dass Basenernährung alle Krankheiten heilt oder das Maß aller Dinge ist, aber wenn sie die

Lebensqualität so erhöht, wie bei mir und vielen anderen, die ich kenne, ist sie einen Versuch wert!

Ich trat bei Facebook vielen basischen Gruppen bei und begann nach und nach meine Rezepte zu posten. Sie begeisterten und mein lieber Freund Hans-Jürgen begann mich zu triezen, wann ich endlich meine eigene Homepage mit meinen Rezepten an den Start bringen wolle. Er hat nicht lockergelassen, diese Idee begann zu keimen und nahm immer größere Formen an.

Letztlich nahm mein toller Mann Stefan dann die technische Seite einfach in die Hand und ermutigte mich, all meine Rezepte und Foodfotos einzustellen. Schließlich hatten er und meine Tochter Lea auch keine Chance, der basischen Ernährung zu entfliehen, denn sie haben immer als meine härtesten Kritiker fungiert. Sie haben gnadenlos Gerichte in den Mülleimer dirigiert oder sie auf die Liste der Lieblingsgerichte gehoben.

So entstanden nach und nach meine Homepage, mein Blog – und Facebook als Pendant bei den sozialen Medien folgte. Mittlerweile folgen mir dort über 1.600 Menschen und meine Rezepte erreichen bis zu 20.000 Leser.

Aktuell lebe ich als „basenüberschüssige“ Veganerin, habe meine eigene Firma *Energy & Health* gegründet, die sich auf basische und vegane Küche allgemein spezialisiert hat, und gebe Kochunterricht an einigen Kochschulen in Darmstadt. Ich lasse mich als „rent a cook“ buchen und helfe Menschen bei der Umstellung auf basische und vegane Ernährung.

Wenn Sie nun also Lust haben sollten, die basische Küche auch einmal auszuprobieren, ist dieser Ratgeber genau das Richtige für Sie und die Basis für ein neues Lebensgefühl. In diesem Sinne, bleiben Sie gesund und essen Sie lecker!

Ihre

BASISCHE ERNÄHRUNG – DAS SOLLTEN SIE WISSEN

Ein ausgeglichener Säure-Basen-Haushalt – für die einen ist er der Inbegriff eines gesunden und ausbalancierten Lebens, für die anderen noch immer ein Buch mit sieben Siegeln. In diesem Kapitel erfahren Sie alles Wichtige über eine basenreiche Ernährung und wie Sie sie praktisch umsetzen können.

Grundlagen der Basenernährung

!

Homöostase ist für unseren Körper lebenswichtig. Dabei befinden sich Säuren und Basen im Gleichgewicht.

Die Selbstregulation eines biologischen Systems im dynamischen physiologischen Gleichgewicht heißt in der Wissenschaft Homöostase. Klingt kompliziert, ist aber nichts anderes als das Bestreben unseres Körpers, alle Stoffe und Substanzen in Balance zu halten – trotz sich ständig ändernder Bedingungen. Ein Beispiel ist der Blutdruck, der bei Belastung ansteigt und dann vom Organismus wieder in den Normalzustand gebracht wird.

Alle wichtigen Stoffwechselprozesse in unserem Körper sind abhängig von einem optimalen pH-Wert im Blut. Um diesen sicherzustellen, verfügt unser Körper über einen speziellen Regulationsmechanismus, den Säure-Basen-Haushalt. Ziel ist auch hier die Homöostase – das Gleichgewicht zwischen Säuren und Basen –, damit alle Stoffwechselvorgänge im Körper optimal ablaufen können. Das Verhältnis zwischen Basen und Säuren in unserem Körper wird kurz als „Säure-Basen-Haushalt" bezeichnet.

Unser Blut befindet sich optimalerweise konstant im leicht basischen Bereich (das heißt, der pH-Wert liegt zwischen 7,35 bis 7,45) und unser Organismus versucht ständig, diese Balance zu halten. Schon leichte Schwankungen stören beispielsweise den Nähr- und Sauerstofftransport, den Kreislauf, unsere Verdauung, das Immunsystem, aber auch die Durchlässigkeit von Zellmembranen. Die Reizleitung von Nervenzellen wird heruntergesetzt und der Hormonhaushalt kommt durcheinander. Ein ausgewogener Säure-Basen-Haushalt ist somit lebensnotwendig. Um diese Schwankungen auszugleichen, setzt der Organismus verschiedene Puffersysteme ein.

Die wenigsten Menschen wissen, was eine Übersäuerung des Körpers ist und welche Zustände und Krankheiten dies im Körper auslösen kann. Der Körper gerät durch eine Übersäuerung aus dem Gleichgewicht und dies macht sich über kurz oder lang unangenehm bemerkbar.

Stoffwechsel – was ist das?
Unter Stoffwechsel versteht man den Transport und die chemische Umwandlung von Stoffen in einem Organismus. Die Stoffe, die wir mit unserer Nahrung aufnehmen, werden in ihre Bestandteile zerlegt, umgebaut, verwertet und zum Aufbau körpereigener Substanzen genutzt. Die Abfallprodukte des Stoffwechsels, die beim Umbau von Nahrungsmitteln und Medikamenten, aber auch bei der Atmung entstehen, wie beispielsweise Säuren, werden über den Schweiß, Stuhl, Urin und die Atmung abgegeben.

Säuren und Basen – der pH-Wert

Jeder Bereich im menschlichen Körper braucht also einen bestimmten pH-Wert. Aber was ist das eigentlich und was hat er mit der Ernährung zu tun? Der pH-Wert gibt auf einer Skala von 0 bis 14 an, wie sauer oder basisch der Wert einer wässrigen Lösung ist. Wässrige Lösungen zwischen 0 und 6,5 gelten als sauer und von 7,5 bis 14 als basisch/alkalisch. Die Mitte 7 gilt als neutral.

!

Der pH-Wert ist das Maß für den Säuregehalt einer Lösung und teilt diese somit in die Kategorien Säuren und Basen auf.

In unserem Körper finden wir gleichzeitig saure und basische Bereiche! Unser Blut, die Lymphe, die Gehirnflüssigkeit, das Fruchtwasser, das Pankreassekret, die Gallenflüssigkeit, das Bindegewebe sowie der Zwölffinger- und der Dünndarm sollten immer im basischen Bereich liegen. Im Dickdarm, dem Magen und auch in der Scheide sollte immer ein saures Milieu herrschen.

Die im Magen produzierte Magensäure beispielsweise, mit dem pH-Wert von etwa 1,5, zersetzt die Nahrung und tötet schädliche Mikroorganismen ab. Anschließend hilft die Bauchspeicheldrüse mit der Zugabe vom Pankreassekret und die Gallenblase mit der Zugabe von Gallenflüssigkeit (beide haben einen pH-Wert von ungefähr 8), die saure Speisebreilösung so zu „neutralisieren“, dass sie nicht den Zwölffinger- sowie den Dünndarm verätzt und die Nährstoffe im Organismus aufgenommen werden können.

Der Dickdarm hingegen befindet sich mit einem pH-Wert von 5,5 wieder im sauren Bereich. Damit kann er wieder andere Nahrungsbestandteile zerlegen.

Ebenso sollte der Säureschutzmantel der Haut niemals gestört werden, weil sich dort sonst Krankheitserreger ansiedeln könnten und die Haut Bakterien nicht mehr am Wachstum hindern kann.

Wie es zur Übersäuerung kommt

Entstandene Säuren müssen im Organismus erst einmal neutralisiert werden. Ansonsten würden sie den Verdauungsapparat angreifen. Zur Neutralisation werden basische körpereigene Substanzen benötigt wie Kalzium, Natrium und Magnesium. Wenn wir uns basisch ernähren, nehmen wir davon genug auf und es gibt keine Probleme.

> !
>
> Getreide und seine Produkte, Alkohol, tierische Produkte wie Fleisch und Milchprodukte, Haushaltszucker, koffeinhaltige oder stark kohlensäurehaltige Kalt- und Heißgetränke bilden Säuren im Körper.

Da unsere Ernährung aber immer mehr aus sauer verstoffwechselten Nahrungsmitteln besteht, können durch den verzweifelten Versuch des Körpers, die Fülle von Säuren zu neutralisieren, auch Mangelerscheinungen entstehen. Schließlich hat unser Körper keinen unerschöpflichen Vorrat an neutralisierenden Substanzen. Der Organismus greift auf sein eigenes Vorratslager zurück und nutzt zum Beispiel Mineralien aus den Knochen, Zähnen oder den Organen. Dies wäre auch gar nicht schlimm, wenn er genug Zeit hätte, diese Vorratslager wieder aufzufüllen. Das ist aber bei den meisten Menschen nicht der Fall. Als Folge dieses Raubbaus können unsere Haare und Nägel leicht brechen oder werden splissig, bei Frauen tritt in späteren Jahren oft Osteoporose auf, wir bekommen Karies oder uns fallen die Haare sogar ganz aus.

Gelingt es nicht, die Säuren auszuscheiden oder adäquat auszugleichen, werden sie im Gewebe abgelagert. Denn der Körper lässt es nicht zu, alle körpereigenen Speicher vollends leerzuräumen. Dies wäre auch im höchsten Grad gefährlich.

Ein gesunder Körper ist durchaus selbst in der Lage, sich zu entsäuern, bzw. sein inneres Gleichgewicht, die Homöostase, zu erhalten. Aber wir ernähren uns mittlerweile so ungesund, dass er es oft gar nicht mehr schafft, die aus Zucker, Chips und Co. entstehende Säureflut zu bewältigen: Er ist überlastet. Dies fällt uns in jungen Jahren noch nicht auf. Wir sind aktiv, bewegen uns viel. Aber das Fastfood-Restaurant liegt um die Ecke und lockt mit leckerem, fettigem und salzigem To-go-Essen, die Tiefkühltruhen in den Supermärkten offerieren schnelle Fertiggerichte und last but not least gibt es fast überall alkoholische Getränke sowie Tabakwaren zu kaufen. Wir haben keine Lust aufs Kochen und brauchen nach einem stressigen Arbeitstag schnell verfügbares Essen.

!

Das Leben wird zwar einfacher, aber man braucht mittlerweile keinen Extremsport mehr, um gefährlich zu leben!

Nach Jahren aber ist es dann soweit: Der Körper ist durch mangelnde Bewegung und viel ungesundes Essen nicht mehr in der Lage, das Gros der Säuren aus dem Körper auszuleiten oder zu neutralisieren. Der Säure-Basen-Haushalt ist gestört und das Gewebe mit Säuren überfüllt.

Aber was passiert mit überschüssigen Säuren, die vielen auch unter dem Begriff „Schlacken“ bekannt sind? Sie werden mithilfe von Mineralstoffen und Spurenelementen neutralisiert und anschließend im Organismus abgelagert. Der Körper parkt sie zunächst dort, wo sie den Organen nichts anhaben können, und zwar unter anderem:

- in den Blutgefäßen – dort verursachen sie → Arteriosklerose, Bluthochdruck
- im Bindegewebe – dort verursachen sie → Gewichtszunahme, Cellulite
- in den Gelenken – dort verursachen sie → Gicht, Arthritis und Rheuma
- in den Nieren/der Galle – dort verursachen sie → Konkremente (Steine)

Häufige Folgen sind auch Energielosigkeit, Müdigkeit, Neurodermitis, Haarausfall, Kopfschmerzen, Diabetes oder Depressionen. Wenn basische Bereiche im Körper unter einer Übersäuerung leiden, können sich unerwünschte Bakterien vermehren. Ein geschwächtes Immunsystem, grippale Infekte, Hautausschläge, Allergien, Blähungen, Scheidenpilze sind dadurch keine Seltenheit.

Azidose hat nichts mit einer Übersäuerung des Körpers zu tun
Vielleicht haben Sie im Zusammenhang mit dem Thema Übersäuerung auch schon einmal das Wort „Azidose" gehört. Diese hat nichts mit einer Übersäuerung des Organismus zu tun, um die es in diesem Buch geht, sondern ausschließlich mit einer lebensgefährlichen Übersäuerung des Blutes. Bei einer Azidose muss medizinisch schnell und sofort gehandelt werden!

Übersäuerung durch Ernährung vermeiden und ausgleichen

Vermutlich sind Sie erstaunt, dass all diese Beschwerden auf die falsche Ernährung zurückgehen können. Aber genau das ist auch unsere Chance: Wir können diese Probleme umgekehrt auch durch eine Veränderung unserer Essgewohnheiten positiv beeinflussen – und viele Wehwehchen werden besser oder verschwinden sogar ganz. Das Mittel der Wahl heißt „Basenfasten": Es unterstützt den Körper bei einer Entschlackungskur, dient als Darmreinigung und hilft beim Entsäuern des Körpers. Es werden ausschließlich basische Lebensmittel gegessen, säurebildende werden konsequent weggelassen. Dadurch wird der Körper gereinigt, Schadstoffe werden ausgeleitet und er bekommt Zeit, seine Regularien wieder in Gleichtakt zu bringen. Kurzum: Der Körper kann endlich wieder durchatmen. So wird der natürliche Säure-Basen-Haushalt wiederhergestellt und viele daraus resultierende chronische Leiden bessern sich oder verschwinden im Idealfall ganz. Das Basenfasten sollte nie länger als vier bis zwölf Wochen

!

Basenfasten unterstützt den Körper bei der Reinigung.

praktiziert werden – es sei denn, Ihr Arzt rät Ihnen zu einer anderen Zeitspanne.

Im Anschluss steigen Sie auf eine basenüberschüssige Ernährung um. Das bedeutet, basische Lebensmittel mit guten Säurebildnern zu kombinieren, damit der Körper das Nonplusultra aus den Lebensmitteln ziehen kann und nicht Gefahr läuft zu übersäuern. Diese Ernährung besteht dann aus 80 Prozent basischen Lebensmitteln und aus 20 Prozent guten Säurebildnern. Diese Ernährung ist einfach gesund und auf Dauer praktikabel.

Die basenüberschüssige Ernährung fördert das natürliche Gleichgewicht zwischen Säuren und Basen in unserem Körper. Gleichzeitig versorgt sie unseren Körper mit allen wichtigen Mineralien und lebenswichtigen Stoffen. So stehen sie ihm zur Verfügung, wenn er sie braucht, und er muss nicht auf seine Depots zurückgreifen.

Einteilung der Lebensmittel in sauer und basisch

Der pH-Wert der Nahrung selbst sagt nichts über ihre säure- oder basenbildenden Eigenschaften aus. Saure Zitrusfrüchte beispielsweise werden basisch verstoffwechselt. Eiweiß in Milchprodukten wird dagegen sauer verstoffwechselt. Für die Einteilung von basischen und sauren Lebensmitteln gibt es das PRAL-Rechenmodell, das von den Ernährungswissenschaftlern Friedrich Manz und Thomas Remer entwickelt wurde.

PRAL ist die Abkürzung für „potential renal acid load“, also die mögliche Belastung der Nieren durch Säure. Der Wert drückt aus, wie hoch die Säureausscheidung der Niere nach einem Verzehr von 100 g eines Lebensmittels ist. Lebensmittel mit einem negativen Vorzeichen gelten als basenüberschüssig, verursachen also keine Säurebelastung, Lebensmittel mit einem positiven Vor-

!

Zur Diagnose einer Übersäuerung kann ein Urin-Tagesprofil mittels mehrerer Urin-pH-Teststreifen erstellt werden.

zeichen sind säureüberschüssig. Die Säuren entstehen beim Abbau von schwefelhaltigen Verbindungen, etwa in tierischen Proteinen wie Fleisch, Milchprodukten oder Fisch und phosphorhaltigen Verbindungen wie in Softdrinks, und werden über den Schweiß, Stuhl, Urin und die Atmung abgegeben.

Es gibt viele Säure-Basen-Tabellen. Vorwiegend orientieren sich diese an der PRAL-Liste. Ich möchte allerdings einen Schritt weitergehen und Lebensmittel einbeziehen, die nicht nur basisch sind, sondern auch weitere wertvolle Eigenschaften haben.

Wir teilen unsere Lebensmittel in drei Kategorien auf:

Basenbildende Lebensmittel: Sie sollten …

- reich an Mineralstoffen sein, die dem Körper helfen, seine Depotreserven an Kalzium, Magnesium und Eisen zu schonen
- keine tierischen Inhaltsstoffe enthalten
- Antioxidantien, sekundäre Pflanzenstoffe, Vitamine haben
- sich positiv auf die Darmflora auswirken
- nicht hoch verarbeitet sein und dadurch denaturiert
- keine psychotropen Substanzen (anregendes Genussmittel wie Kaffee oder schwarzer/grüner Tee) enthalten
- keine Zellgifte enthalten, wie z. B. Ethanol in alkoholische Getränken, die auf Dauer zu einer Verringerung der geistigen und körperlichen Leistungsfähigkeit führen
- keinen raffinierten Zucker enthalten

Neutrale Lebensmittel: Auch wenn in der PRAL-Liste Lebensmittel wie Espresso, Kaffee, raffinierter Zucker, dunkles Bier, Kefir, Margarine und Weißwein als leicht basisches/neutrales Lebensmittel ausgewiesen werden, haben sie für mich doch so viele negative Inhaltsstoffe oder werden unethisch oder chemisch produziert, dass ich sie in einer rein basischen oder basenüberschüssigen Ernährung auf jeden Fall meide.

Säurebildende Lebensmittel:

- enthalten eine Menge von Phosphor, Schwefel, Jod, Chlor und Fluor
- enthalten schwefelhaltige Aminosäuren wie Methionin und Cystein (tierische Lebensmittel)
- enthalten keine oder wenige Vitamine, keine Antioxidantien, Chlorophyll, sekundäre Pflanzenstoffe
- enthalten chemische und psychotrope Substanzen sowie Zellgifte
- hemmen die Peristaltik des Darms
- haben wenige Ballaststoffe

Die säurebildenden Nahrungsmittel werden noch einmal unterteilt in:

- **gute Säurebildner:** Sie bilden wenig Säuren und schenken dem Körper nebenbei eine Fülle von Vitalstoffen und wenig stoffwechselbelastende Zusatzstoffe. Sie sollten vor allem als Vollkorn gegessen werden, weil die Vitalstoffe meist in der Hülle des Lebensmittels sitzen. Zu ihnen gehören beispielweise Vollkorngetreide, Pseudogetreide, Hülsenfrüchte.
- **schlechte Säurebildner:** Sie bilden eine große Menge an Säuren und überdecken so die sonst noch im Lebensmittel positiv enthaltenen Substanzen. Die negative Auswirkung auf den Körper ist also höher als die positive! Zu ihnen gehören beispielsweise tierische Produkte wie Milch, Fleisch, Eier, Alkohole, Zucker und zuckerhaltige Produkte, weißes Getreide.

Das beste und gesündeste Milieu in und um unsere Zellen herum liegt also im leicht basischen Bereich. Wird das Milieu für Zellen, Gewebe und Organe zu sauer, werden die Zellmembranen unflexibel, behindern den Austausch, die Regenerationsfähigkeit und die Verteilung von Elektrolyten – die Funktion des Bindegewebes wird einfach gestört.

Können basische Lebensmittel durch kochen „sauer" werden?

Tatsächlich büßen manche Lebensmittel beim Kochen Mineral- und Vitalstoffe ein. Darum gibt es viele Menschen, die auf Rohkost schwören und ihre Speisen nicht über 40 °C erhitzen. Ich finde Rohkost übrigens auch super! Das sehen Sie auch im Kapitel Salate. Manche Menschen vertragen jedoch keine Rohkost, schon gar nicht am Abend. Außerdem werden manche Lebensmittel erst durch kochen genießbar (Kartoffeln beispielsweise) oder verlieren sogar durch das Erhitzen Giftstoffe, wie die giftige Eiweißverbindung Phasin in grünen Bohnen.

Es hielt sich auch lange das Gerücht, dass Tomaten nach dem Garen von basisch auf sauer umschwenken, weil der Vitalstoffverlust enorm ist. Diese Aussage hat sich aber zum Glück nicht bestätigt.

!

Wer sein Gemüse schonend gart, ist auf der sicheren Seite.

Alles in allem würde ich sagen: Ja, Lebensmittel können durch unsachgemäße Behandlung sauer werden. Aber wer sein Gemüse schonend gart und nicht überkocht, hat schon viel gewonnen. Und wenn Sie dann noch gekochtes Gemüse mit Rohkost kombinieren, ist das das Höchste für Körper und Seele.

Die basenüberschüssige Ernährung

Sie wissen nun, was basische und saure Lebensmittel sind. Wie eingangs erklärt, sollten Sie das Basenfasten nur über einen bestimmten Zeitraum durchführen, um Ihren Körper bei der Ausleitung von Giften und Schlacken zu unterstützen. Danach sollten Sie eine basenüberschüssige Ernährung anstreben, bei der Sie 80 Prozent basische und 20 Prozent gute säurebildende Lebensmittel zu sich nehmen. Und wie bleiben Sie in der Säure-Basen-Balance? Das ist ganz einfach! Sie ernähren sich mit viel grünem Gemüse, stillem Quellwasser (2,5 bis 3 Liter täglich), Sprossen, Nüsse, Saaten, Kräutern, Algen und sorgen für ausreichend Schlaf sowie viel Bewegung an der frischen Luft! Gleichzeitig vermeiden Sie am besten alle schlechten Säurebildner wie industriell hergestellte Fertiggerichte, Softdrinks, Chips, Pizza, Zuckerwaren, Nudelprodukte, Fertigdressings und -soßen, Produkte aus der Abteilung Milch, Fleisch- und Wurstwaren, Backwaren besonders aus leeren Kohlenhydraten wie geschältem Weizen und raffinertem Zucker, stark denaturierte Gerichte, Alkohol, Koffein und andere Genussdrogen sowie Dauerstress, Bewegungsmangel und schlechte Luft.

Das klingt nach einem spaßlosen Leben mit zu viel Verzicht? Vielleicht auf den ersten Blick. *Aber:* Machen Sie sich bewusst, dass es um die Steigerung Ihrer Lebensqualität geht! Das Basenfasten führen Sie ja nur über einen kurzen und begrenzten Zeitraum durch. In der Zeit danach leben Sie basenüberschüssig und können ab und zu auch gern über die Stränge schlagen – und finden danach wieder zu Ihrem bewussten Leben zurück. Ich garantiere Ihnen, dass Sie süchtig nach Ihrem neuen Leben werden!

!

Genügend Sonnenlicht, wenig Stress, ausreichend Schlaf und viel Bewegung an der frischen Luft unterstützen die Säure-Basen-Balance.

Basische Ernährung ganz praktisch

Um basische Lebensmittel sowie gute und auch schlechte Säurebildner zu erkennen, ziehen Sie die Säure-Basen-Tabelle zu Rate und stellen mithilfe der Tabelle Ihr Menü zusammen. Sie finden diese Tabelle auf Seite 21. Wenn Sie sich eine Weile so ernähren, haben Sie die Einteilung bald im Kopf und müssen nur noch bei Nahrungsmitteln nachschauen, die Sie selten benutzen. Und mit meinen Rezepten sind Sie sowieso im grünen Bereich!

!

Das Frühstück sollte – egal, ob Sie sich nun basisch oder basenüberschüssig ernähren – bevorzugt rein basisch sein.

In vielen Säure-Basen-Listen gehören Butter, Sahne und Ghee (Butterreinfett) der Gruppe der neutralen Lebensmittel an. Da ich aber selber vegan-basisch esse, lasse ich Butter und Sahne prinzipiell weg und nutze die Vielfalt der Öle, die auch als neutral eingestuft werden.

Für meine Rezepte ist es nicht wichtig, großartige Vorkenntnisse beim Kochen zu haben. Sie sind einfach aufgebaut, superschnell nachzukochen und sollen einfach Spaß machen! Der Genuss steht im Vordergrund, und nicht das Agieren in der Küche.

Die Portionsgrößen der Rezepte waren für mich eine Herausforderung. Wir bekommen von klein auf beigebracht, dass ein Hauptgang aus drei Komponenten besteht, nämlich Fleisch oder Fisch, Gemüse und einer Sättigungsbeilage. Seitdem ich vor Jahren auf die basisch-vegane Ernährung umgestiegen bin, hat sich dieses „Weltbild" für mich erledigt: Ich kombiniere einfach wild durcheinander, und so kann es natürlich sein, dass eine Portion, bei der jeder denken würde, dass sie eigentlich eine Beilage ist, eine komplette Hauptmahlzeit wird.

Sie können alle Gerichte aus diesem Buch beliebig variieren. Was halten Sie beispielweise von diesen Menüvorschlägen?

	VORSPEISE	HAUPTGANG	NACHSPEISE
1	Gemüsestäbchen mit Paprikadip	Portobello-Burger mit Kartoffelsalat und Christins Krautsalat	Ein beerenstarker Obstteller
2	Tomaten-Basilikumsuppe	Tapasteller: Champignons mit Oregano, Brokkoli mit Mandeln und Papas Arrugadas mit Mojo rojo	Mousse au Chocolat
3	Indischer Karotten-Mango-Minze Salat	Kartoffel-Blumenkohlcurry mit marinierten Zucchini	Cremige Bananen-Mango-Nicecream
4	Cremig gefüllte Champignons	Bruschetta auf Süßkartoffel-Toastie mit Chips und Saubohnen-Erbsenmash	Gebackene Banane mit roher Himbeer-Maracuja-Sauce

Am besten, Sie probieren die Rezepte in Ruhe aus und finden Ihre Lieblingskombination.

Achten Sie auf Qualität!

Den optimalen Effekt ziehen Sie aus dem Basenfasten und der basenüberschüssigen Ernährung, wenn Sie bereits beim Einkaufen auf erstklassige Nahrungsmittel Wert legen. Deswegen empfehle ich Ihnen Bio-Ware. So stellte die Stiftung Warentest fest: Bio-Lebensmittel sind weniger mit antibiotikaresistenten Keimen und Pestiziden verunreinigt. Sie enthalten weniger Nitrat, mehr Nährstoffe und keine Gentechnik. Bio-Anbieter nehmen ihre ökologische und soziale Verantwortung ernster.

Gemüsebrühe ist nicht gleich Gemüsebrühe

Selbst in Bio-Gemüsebrühe sind Substanzen zu finden, die unserem Körper nicht gut tun. Lesen Sie deshalb die Zutatenliste und vermeiden Sie:

- den industriell hergestellten Geschmacksverstärker Glutamat, der unter Verdacht steht, Lebensmittelunverträglichkeiten auszulösen (E621 und E623).
- den natürlichen Geschmacksverstärker Hefeextrakt, der appetitanregend wirkt und zu einer erhöhten Kalorienaufnahme führt.
- raffiniertes Palmöl/Palmfett. Der hohe Anteil an ungesättigten Fettsäuren wirkt sich negativ auf unsere Blutfettwerte aus und führt zu Gefäßverengungen, bei seiner Verarbeitung können krebserregende Stoffe entstehen. Außerdem werden dafür oftmals Wälder illegal gerodet und Tiere verlieren ihren Lebensraum.

Wie schon erwähnt ist beim Basenfasten auch das Trinken sehr wichtig, damit der Organismus die Giftstoffe ausleiten kann. Aber auch Wasser ist nicht gleich Wasser:

- **Natürliches Mineralwasser ohne Kohlensäure:** ein natürliches Wasser, abgefüllt am Quellort, enthält von Natur aus lebenswichtige Mineralstoffe, darf in seiner Zusammensetzung nicht verändert werden und benötigt eine amtliche Anerkennung.
- **Quellwasser:** wie natürliches Mineralwasser, es darf aber mit anderen Quellwassern gemischt werden und bedarf keiner amtlichen Anerkennung.
- **Leitungswasser:** kein naturbelassenes Produkt, muss nicht natürlich rein sein, wird von Wasserwerken mit chemischen Hilfsstoffen aufbereitet/gereinigt oder durch Aktivkohle gefiltert.
- **Tafelwasser:** aufbereitetes Leitungswasser, wird mit Sole/Meerwasser, Mineralstoffen und Kohlensäure versetzt.

Für die Reinigung des Körpers beim Basenfasten empfehle ich Ihnen natürliches Mineralwasser ohne Kohlensäure oder mindestens Quellwasser.

Basische Lebensmittelliste

nach Stefanie Arlt, Stand August 2021

BASENBILDENDES OBST (ALLE AUCH ALS TROCKENVARIANTE OHNE ZUSATZ VON ZUCKER)	
Ananas	Mango
Äpfel	Melone (Wasser & Honig)
Aprikosen	Mirabellen
Bananen	Nektarinen
Birnen	Orangen
Clementinen & Mandarinen	Papaya
Datteln	Pfirsich
Erdbeeeren	Physalis
Feigen	Preiselbeeren
Grapefruit & Pampelmusen	Quitten
Heidelbeeren	Reineclauden
Himbeeren	Rosinen
Jackfruit, frisch	Stachelbeeren
Johannisbeeren (schwarz, rot, weiß)	Sternfrucht
Kirschen	Weintrauben (weiß, rot, blau)
Kiwi	Zitronen
Limetten	Zwetschgen & Pflaumen

▶▶

BASENBILDENDE GEMÜSE, AUCH TK	
Algen	Oliven (grün, schwarz)
Artischocken	Paprika
Auberginen	Pastinaken
Avocado	Petersilienwurzel
Blumenkohl	Pilze (alle Arten)
Brokkoli	Radieschen
Chicorée	Rettich
Chilischoten	Romanesco
Chinakohl	Rosenkohl
Edamame (frisch)	Rote Beete
Erbsen (frisch)	Rotkohl
Fenchel	Rucola
Frühlingszwiebel	Salate (alle Sorten)
Grünkohl	Schwarzwurzel
Gurken	Sellerie (Knolle & Staude)
Karotten	Spargel (grün, weiß)
Kartoffeln (auch Mehl)	Spinat
Keimlinge	Spitzkohl
Knoblauch	Sprossen & Keime (alle Sorten)
Kohl (alle Arten)	Stangenbohnen (grün, gelb)
Kohlrabi	Süßkartoffeln
Kürbis	Tomate
Lauch (Porree)	Weißkohl
Lupine (frisch, Flocken)	Wirsing
Mangold	Zucchini
Maniok	Zwiebel (Frühlingszwiebeln & Schalotten)
Okra	

BASENBILDENDE KRÄUTER, GEWÜRZE & NÜSSE	
Basilikum	Meerrettich
Bohnenkraut	Melisse
Borretsch	Muskatnuss
Brennessel	Nelken
Brunnenkresse	Oregano
Dill	Petersilie
Erdmandeln	Pfeffer (alle Arten)
Fenchelsamen	Pfefferminze
Ingwer	Piment
Kapern	Rosmarin
Kardamom	Safran
Kerbel	Salbei
Koriander (Blätter & Samen)	Sauerampfer
Kresse	Schnittlauch
Kreuzkümmel (auch Cumin)	Schwarzkümmel
Kümmel	Sellerieblätter
Kurkuma	Thymian
Liebstöckel	Vanillestangen
Löwenzahn	Wildkräuter
Majoran	Ysop
Mandeln (Mandelmus)	Zimt
Maroni (Esskastanien, auch Mehl)	Zitronenmelisse

BASISCHE GETRÄNKE	
Apfelessigwasser	Kräutertee
Früchtetee	Obstsäfte (frisch gepresst, ungesüßt)
Gemüsesäfte (frisch gepresst, ungesüßt)	Smoothies (Frucht oder Gemüse, selbst gemacht)
Gewürztee (ungesüßt)	Wasser (Quellwasser)
Hefe (frisch, getrocknet, Flocken)	Zitronenwasser

▶▶

DIVERSE BASISCHE ZUTATEN	
Apfelessig, naturtrüb	Konjac-Nudeln
Carob	Lupineneiweiß
Dicksaft (z.B. Dattelsüße, selbst gemacht, nicht erhitzt)	Muskatnuss
Eis (selbst gemacht)	Natron
Fruchteis (selbst gemacht, ohne Zuckerzusatz)	Sauerkraut (frisch)
Kakaopulver in Rohkostqualität	Senf (bio, ohne Zusatzstoffe)
Kokosblütenzucker (kleine Mengen)	Stevia (Pulver, getrocknete Pflanze)

GUTE SÄUREBILDNER – VOLLKORNGETREIDE & HÜLSENFRÜCHTE	
Amaranth	Pasta aus Mais und Hülsenfrüchten
Bio-Vollkorngetreide (z. B. Dinkel, Kamut, Gerste, Emmer, Teff, Einkorn, in kleinen Mengen, am besten gekeimt)	Polenta
Buchweizen	Protein aus Hanf, Erbsen & Reis
Bulgur & Couscous aus Dinkel	Quinoa
Erbsen (getrocknet)	Sojabohnen (bio)
Hafer & Haferflocken (bio)	Tempeh (bio)
Hirse	Tofu (bio)
Hülsenfrüchte (alle Arten, getrocknet sowie Mehl)	Vollkornreis (braun)
Mais	Wildreis
Miso (bio)	

NÜSSE & SAMEN	
Cashewkerne	Mohnsamen (weiß & schwarz)
Chiasamen	Paranüsse
Hanfsaat	Pinienkerne
Haselnüsse	Sesam
Kokosnuss (getrocknet & Milch)	Sonnenblumenkerne
Kürbiskerne	Traubenkerne (und Mehl)
Leinsamen	Walnüsse
Macadamianüsse	

GETRÄNKE	
Grüner Tee (kurze Ziehdauer)	Matcha
Kakaopulver (hochwertige Qualität ohne Zuckerzusatz)	Milchalternativen wie Reisdrink, Haferdrink, Sojadrink (ohne Süßungsmittel & Zusätze aller Art)
Lupinenkaffee	Proteinpulver (Hanf, Reis, Erbse)
Matcha	

DIVERS	
Agar Agar	Guarkernmehl
Ahornsirup	Johannisbrotkernmehl
Backpulver (und Weinsteinbackpulver)	Tapioka
Bitterschokolade (ab 70 % aufwärts)	

SCHLECHTE SÄUREBILDNER – TIERISCH	
Eier	Milch & Milchprodukte (Kuh, Schaf, Ziege, Quark, Joghurt, Kefir, Molke, alle Käsesorten)
Fisch	Schinken
Fleisch (auch Brühe)	Wurstwaren
Meeresfrüchte	

SCHLECHTE SÄUREBILDNER – PFLANZLICH	
Essig (Balsamico, Wein etc.)	Palmöl & Palmfett
Bulgur & Couscous (aus Weizen)	Roggen
Fertigprodukte aller Art	Sauerkonserven
Getreideprodukte aus Auszugsmehlen (Brot, Brötchen, Laugengebäck, Kuchen, Teilchen, Nudeln, Cornflakes, Fertigmüslis etc.)	Senf (industriell)
Glutamat	Sojaprodukte (wenn stark verarbeitet TVP)
Glutenhaltige Produkte (Seitan und seine Produkte)	Sojasauce
Hefeextrakt	Speiseeis (auch Wasser, Soja, Joghurt)
Ketchup (industriell)	Zucker (inkl. Xylit und Erythrid)
Nuss-Nougat-Cremes	

▶▶

SCHLECHTE SÄUREBILDNER – GETRÄNKE	
Alkohol (Wein, Bier etc.)	Koffeinhaltige Getränke (Kaffee, Espresso, Cola etc.)
Entkoffinierter Kaffee	Kohlensäure
Fruchtsaft (Konzentrat)	Limonade (Fertiggetränk)
Getränke zum Abnehmen	Mineralwasser & kohlensäurehaltige Getränke
Getreidekaffee	Proteindrinks aus Weizen
Instantkaffee	Tee (schwarz, Eistee)
Isodrinks	

NEUTRALE LEBENSMITTEL	
Öle (bio, alle Arten wie Lein, Olive, Sonnenblume, Kürbis, Kokos, Raps etc.)	Honig
Butter, Ghee, Sahne	

Diese Geräte sollten/können Sie zu Hause haben

- Einen leistungsfähigen Standmixer mit mindestens 30.000 Umdrehungen. Dieser schafft es, aus Mandeln ein cremiges Mandelmus herzustellen oder bei der Smoothie-Herstellung die Blattstrukturen aufzubrechen, um das Chlorophyll freizusetzen. Ein Mixer mit weniger Umdrehungen wird diese Aufgaben nicht schaffen.
- Einen Mixer oder eine elektrische Kaffeemühle zum Mahlen von Gewürzen. Er kann kleine Mengen von Gewürzen in Sekundenschnelle zu einem feinen Pulver mahlen sowie kleine Mengen Pesto herstellen. Sie müssen also nicht den großen Mixer anwerfen und danach putzen.
- Ein Pürierstab ist ideal, um Saucen im Topf aufzuschäumen oder sämig zu pürieren, ohne die Sauce in den großen Standmixer umzufüllen. Das geht schneller und erspart Ihnen viel Spülarbeit.
- Einen Spiralschneider, um Gemüse in Spiralnudeln zu verwandeln. Am liebsten nehme ich Zucchini oder Karotten dafür, aber auch Äpfel, Kohlrabi, Radieschen etc.
- Einen hochwertigen Entsafter (ohne Zentrifuge, aber mit Presswalzen und mit geringer Umdrehungszahl), zum schonenden Entsaften von Obst- und Gemüsesorten in Rohkostqualität.
- Ein Dörrgerät, um auf schonende Art und Weise Obst und Gemüse zu trocknen, zum Beispiel zum gesunden Snacken.
- Einen Nussmilchbeutel, um die festen Bestandteile aus einer selbst hergestellten Mandelmilch zu filtern. Für den Anfang können Sie allerdings auch auf ein sauberes Baumwolltuch oder einen Nylonstrumpf zurückgreifen.
- Nicht unbedingt notwendig, aber praktisch und sehr effektvoll sind kleine Weckgläschen. In ihnen lassen sich kleine Kunstwerke zaubern. Zusätzlich lassen sich die Speisen gut im Kühlschrank aufheben und sind der Hingucker auf jedem Buf-

fet. Die Gäste benötigen keinen extra Teller, sondern löffeln ihr Lieblingsessen bequem aus dem Glas.

Diese Lebensmittel sollten Sie immer zu Hause haben

- **Chlorella-Algen (Pulver):** Sie wirken entgiftend auf unsere Leber und stärken das Immunsystem.
- **Gerstengraspulver:** Es senkt den Cholesterin- und den Blutzuckerspiegel, reguliert den Säure-Basen-Haushalt, regt den Fettstoffwechsel an, hilft bei der Entgiftung und besitzt eine stärkende und anregende Wirkung auf unser Immunsystem.
- **Flohsamenschalen:** Sie regulieren die Verdauung, denn sie quellen im Darm auf und binden dabei Wasser und Giftstoffe.
- **Trockenobst (ungeschwefelt):** Es enthält viele Vitamine und Mineralstoffe, darunter Kalium, Magnesium sowie Kalzium, Chlorid, Eisen und Phosphor. Außerdem regen Trockenfrüchte den Stoffwechsel an, unterstützen die Verdauung, haben eine antioxidative und entzündungshemmende Wirkung und liefern schnell Energie für Gehirn und Muskeln.
- **Dattelsüße:** Datteln haben alle Vorzüge des Trockenobst und dazu eine einzigartige Süße. Die Dattelsüße ist eine echte Alternative zu Zucker und auf keinen Fall mit ihm vergleichbar! Wer weiß, wie gesund diese Frucht ist, wird nie wieder Zucker verwenden wollen!
- **Gewürz Panch Phoron:** Indische 5-Gewürze-Mischung. Gibt es fertig in jedem Asia-Laden und peppt Chutneys sowie indische Gerichte auf.
- **Garam Masala, Madras Curry, Harissa:** Das sind meine Grundgewürzmischungen und Scharfmacher für jedes indische Curryrezept sowie für marokkanische Speisen.
- **Hochwertige Öle in Bio-Qualität:** Wobei man unbedingt unterscheiden muss zwischen Ölen, die man ausschließlich für das Braten (hocherhitzbar) nutzt wie Kokos-, Raps- oder Sonnenblumenöl, und solchen, die man nur für Salate und Rohkost-

gerichte nutzt wie Lein- und Kürbiskernöl. Denn Rohkostöle wie zum Beispiel Leinöl enthalten viele wichtige Inhaltsstoffe, die beim Erhitzen zerstört würden.

- **Carobpulver:** Carob ist das geröstete und fein gemahlene Fruchtmark der Carob-Früchte, die am Johannisbrotbaum wachsen. Die reifen Früchte werden aufgesammelt, gereinigt, geöffnet, Stiel und Kerne entfernt, zerkleinert und getrocknet. Danach werden sie zu einem feinen Pulver zermahlen. Das Pulver erinnert mit seinem süßlich-karamelligen Geschmack an Schokoladenpulver und wird auch genauso verwendet. Allerdings ist das Pulver weniger bitter als Schokoladenpulver. Carobpulver ist von Natur aus süßlich, fettarm sowie reich an Eisen, Kalzium, Magnesium, Vitamin A, B_2 und wertvollen Ballaststoffen.
- **Erdmandelflocken:** Erdmandeln (auch Tigernüsse oder Chufas genannt) gehören zur Gattung der Zypferngräser. Um die Knollen zu konservieren, werden sie getrocknet. Die Knollen liefern Mineralstoffe, vor allem Kalzium, Magnesium, Natrium und Phosphor. Da sie keine Nüsse sind werden sie auch von Nussallergikern gut vertragen. Ihr süßlicher Geschmack erinnert leicht an Mandeln – daher der Namen.
- **Macapulver:** Maca ist eine Pflanze aus Zentralperu. Ihre Wurzeln sind essbar. Das Pulver wird bei körperlichen Beschwerden, zur Leistungserhöhung sowie zum Schutz vor UV-Strahlen eingesetzt.

111 LECKERE REZEPTE

Jetzt wird es praktisch: Steigen Sie mit meinen Rezepten in die basische Ernährung ein und freuen Sie sich an den positiven Effekten. Falls Sie Beschwerden haben sollten, werden sich diese hoffentlich deutlich bessern. Mit meinen Gerichten können Sie viel Energie und Kraft tanken und Ihr Leben bald wieder in vollen Zügen genießen – so wie ich. Ich wünsche Ihnen viel Spaß beim Nachkochen und guten Appetit!

BASISREZEPTE

Mandelmilch

Zubereitungszeit: 10 Minuten, plus Zeit zum Einweichen über Nacht

Dieses Rezept enthält:

595 kcal (2489 kJ)	19 g Eiweiß
4 g Kohlenhydrate	54 g Fett

Zutaten für ca. 500 ml

- 100 g Mandeln (ungeschält)
- 500 ml Wasser

Zubereitung

Am Vortag: Mandeln mit Wasser bedecken und einweichen.

1 Tags darauf das Wasser abgießen, die Mandeln gut unter fließendem Wasser abspülen und mit 500 ml frischem Wasser in den Standmixer geben. Auf niedrigster Stufe mit dem Mixen beginnen, dann nach und nach die Geschwindigkeit steigern, bis die Mandeln sehr fein gemixt sind.

2 Das Ganze mithilfe eines sauberen Tuchs, eines Kaffeefilters, eines Nussmilchbeutels oder eines sauberen Nylonstrumpfs filtern.

3 In eine Karaffe füllen und innerhalb von 1 bis 2 Tagen aufbrauchen.

Mandelsahne

Zubereitungszeit: 15 Minuten, plus Zeit zum Einweichen über Nacht

Dieses Rezept enthält:

1784 kcal (7463 kJ)	48 g Eiweiß
9 g Kohlenhydrate	167 g Fett

Zutaten für ca. 350 ml

- 250 g ungeschälte Mandeln
- 350 ml Mandelmilch
- 2 EL mildes Bio-Olivenöl, extra vergine

Zubereitung

Am Vortag: Mandeln mit Wasser bedecken und einweichen.

1 Tags darauf das Einweichwasser wegschütten, die Mandeln gründlich unter fließendem Wasser abspülen und mit der Hälfte der Mandelmilch in den Standmixer geben. Auf niedrigster Stufe die Mandeln zu einem feinen Brei mixen. Schussweise nun die restliche Mandelmilch hinzufügen, bis eine cremige Mandelmilch entsteht. Dabei die Mixgeschwindigkeit langsam bis zur höchsten Stufe steigern.

2 Die Mandelmilch filtern, die Mandelrückstände gut ausdrücken. Die Mandelmilch wieder in den Mixer geben und das Öl hinzufügen. Auf kleinster Stufe einige Sekunden mixen. Die Sahne wird nun gebunden, bekommt einen seidigen Glanz und dickt noch ein ganz klein wenig nach.

TIPP

Ich habe für dieses Rezept ungeschälte Mandeln genommen. Die Mandelsahne erhält dadurch einig braune Pünktchen. Wer dies optisch nicht mag, kann natürlich auch geschälte Mandeln verwenden.
Die Sahne schmeckt gleich, ob mit geschälten oder ungeschälten Mandeln. Sie hält sich ein paar Tage im Kühlschrank.

Mandelmus

Zubereitungszeit: 20–30 Minuten, plus Zeit zum Abkühlen der Masse

Dieses Rezept enthält:

2340 kcal (9791 kJ)	102 g Eiweiß
16 g Kohlenhydrate	199 g Fett

Zutaten für ca. 400 g

400 g Mandeln (geschälte für weißes Mus, ungeschälte für braunes)

Zubereitung

Mandeln in den Mixer geben und so lange mixen, bis ein cremiges, weiches Mandelmus entstanden ist. Es hält sich in einem Schraubglas im Kühlschrank 1 bis 2 Wochen.

TIPP

Während des Mixens wird die Mandelmasse öfter am Gefäßrand hängenbleiben. Dann Mixer anhalten und mit einem Spatel das Mus nach unten schieben.
Durch die hohen Umdrehungen des Standmixers wird das Mandelmus langsam erhitzt. Dies fördert zwar die Freisetzung der Öle, doch verringert hohe Hitze die Qualität des Mandelmuses und zerstört wertvolle Inhaltsstoffe. Deshalb: Mus immer wieder zwischendurch im Behälter abkühlen lassen und den Mixvorgang so oft wiederholen, bis aus der Masse ein Mus entstanden ist.

Dattelsüße – als Zuckerersatz

Zubereitungszeit: 5 Minuten

Dieses Rezept enthält:

1277 kcal (5345 kJ)	9 g Eiweiß
297 Kohlenhydrate	2 g Fett

Zutaten für ca. 450 g

245 g getrocknete, entsteinte Medjool-Datteln

200 ml Wasser

Zubereitung

Die Datteln mit dem Wasser in den Hochleistungsmixer geben und zu einer cremigen Paste mixen. Diese Paste hält sich in einem Schraubglas bis zu einer Woche im Kühlschrank.

Rohe, passierte Tomaten

Zubereitungszeit: 30 Minuten

Dieses Rezept enthält:

153 kcal (639 kJ)	8 g Eiweiß
26 g Kohlenhydrate	2 g Fett

Zutaten für ca. 430 ml

800 g frische reife Tomaten

Zubereitung

1 Einen kleinen Topf mit 1 Liter Wasser aufsetzen und zum Kochen bringen.

2 Tomaten am oberen und unteren Ende leicht kreuzförmig einschneiden und für 30 Sekunden in das kochende Wasser legen. Mit einer Schaumkelle herausheben und sofort in eiskaltem Wasser abschrecken. Dadurch löst sich an den Schnittkanten die Tomatenhaut, ohne dass die Tomaten gekocht werden.

3 Die Haut mit den Fingern oder einem scharfen Messer abziehen und entsorgen. Danach die Tomaten vierteln, den Stielansatz und das wässrige Innenleben samt Kernen entfernen. Die Tomaten in einen Mixbecher geben und mit einem Pürierstab zu einer sämigen Sauce pürieren.

Ketchup – roh, ohne Zucker

Zubereitungszeit: 10 Minuten

Dieses Rezept enthält:

178 kcal (746 kJ)	12 g Eiweiß
29 g Kohlenhydrate	1 g Fett

Zutaten für ca. 500 ml

- 500 ml passierte Tomaten
- 2–3 EL Tomatenmark (aus dem Glas)
- 1 TL Paprikapulver
- 1 TL Salz
- 1 EL Zitronensaft
- Pfeffer
- 1 Knoblauchzehe nach Belieben

Zubereitung

Alle Zutaten miteinander vermischen. Wer Knoblauch im Ketchup mag, drückt ihn einfach durch eine Presse mit dazu. Das Ketchup hält sich in einem Schraubglas oder einer leeren Flasche einige Tage im Kühlschrank.

TIPP

Wer kein Tomatenmark verwenden möchte, kann es weglassen – allerdings macht das Tomatenmark den Ketchup noch tomatiger. Sie können Ihr Tomatenmark auch selbst herstellen, indem Sie die passierten Tomaten ganz stark einreduzieren.
Wer Curryketchup mag, gibt zu den passierten Tomaten noch 1 bis 2 TL Currypulver.

Currypulver „Madras Art"

Zubereitungszeit: 15 Minuten

Dieses Rezept enthält:

219 kcal (917 kJ)	9 g Eiweiß
24 g Kohlenhydrate	9 g Fett

Zutaten für ca. 60 g

- 4 g getrocknete Chili (nach Geschmack mehr oder weniger)
- 10 g Koriandersamen
- 5 g Senfsamen
- 10 g Kreuzkümmel (Kumin)
- 5 g Pfefferkörner
- 8 g Bockshornkleesamen
- 1 kleine Handvoll getrocknete Curryblätter
- 20 g Kurkumapulver

Zubereitung

1 Alle Zutaten bis auf das Kurkumapulver im Mixer oder der elektrischen Kaffeemühle zu einem Pulver mahlen.

2 Danach mit dem Kurkumapulver vermischen und in einem Schraubglas luftdicht verschließen.

TIPP

Den Schärfegrad kann man selbst bestimmen, indem man mehr oder weniger Chili verwendet. Oftmals ist es klüger, gar kein Chili ins Curry zu geben und das Gericht dann später damit separat zu schärfen. Das Pulver hält sich im verschlossenen Glas monatelang.

Currypulver „Garam Masala"

Zubereitungszeit: 15 Minuten

Dieses Rezept enthält:

98 kcal (411 kJ)	3 g Eiweiß
13 g Kohlenhydrate	4 g Fett

Zutaten für ca. 30 g

- 5 g Koriandersamen
- 10 g Kreuzkümmelsamen
- 5 g Pfefferkörner
- 5 grüne Kardamomkapseln
- 5 cm Zimtrinde
- 6 Nelken

Zubereitung

1 Alle Gewürze in einer kleinen Pfanne ohne Fett bei mittlerer Hitze anrösten, bis die Gewürze angenehm duften und leise knistern.

2 Ein wenig abkühlen lassen und in einem Mörser oder einer elektrischen Kaffeemühle zu einem feinen Pulver zermahlen.

TIPP

In einem Glas mit Schraubverschluss lässt sich das Pulver monatelang ohne Geschmacksverlust aufbewahren.

Ras EL Hanout

Zubereitungszeit: 10 Minuten

Dieses Rezept enthält:

315 kcal (1318 kJ)	11 g Eiweiß
40 g Kohlenhydrate	11 g Fett

Zutaten für ca. 100 g

- 25 g schwarze Pfefferkörner
- 15 g Kreuzkümmelsamen
- 15 g Koriandersamen
- 5 cm Zimtstange
- 5 g Kardamomkapseln
- 1 getrocknete Chilischote
- 16 Nelken
- 5 g Ingwerpulver
- 1 halbe geriebene Muskatnuss
- 15 g Paprikapulver
- 5 g Kurkumapulver
- 1 TL Salz

Zubereitung

1 Die Pfefferkörner zusammen mit den Kreuzkümmelsamen, Koriandersamen, Zimtstange, Kardamomkapseln, getrockneter Chilischote und den Nelken in einer Pfanne ohne Öl anrösten, bis sie leise knistern und duften. Abkühlen lassen und in einem Mörser oder einer elektrischen Kaffeemühle zu einem Pulver mahlen.

2 Die restlichen Gewürze dazugeben, alles gut vermischen und in einem Glas mit Schraubdeckel luftdicht verschließen.

Knoblauchöl

Zubereitungszeit: 10 Minuten

Dieses Rezept enthält:

1617 kcal (6764 kJ)	3 g Eiweiß
14 g Kohlenhydrate	166 g Fett

Zutaten für ca. 250 ml

- 50 g Knoblauch
- 200 ml mildes Bio-Olivenöl, extra vergine

Zubereitung

Knoblauchzehen schälen und durch die Presse in ein Glas mit luftdicht verschließbarem Deckel drücken. Danach Öl auffüllen, Glas fest verschließen und schütteln. 1 bis 2 Tage im Kühlschrank durchziehen lassen. Man verwendet das Öl sowie das Knoblauchpüree.

TIPP

Man kann auch ganze Zehen in Öl einlegen. Das Öl schmeckt dann nicht so intensiv, es sieht jedoch in einer schönen Flasche stilvoller aus und hält länger – ideal zum Verschenken.

WARNUNG

Das Öl kann kippen. Wenn Sie merken, dass der Behälter beim Öffnen unter Druck steht oder dass kleine Blasen im Öl aufsteigen, entsorgen Sie es am besten sofort! Dann gärt der Knoblauch und es haben sich Bakteriengifte gebildet. Deswegen bitte stets im Kühlschrank lagern.

Marokkanische Harissa-Paste

Zubereitungszeit: 20 Minuten

Dieses Rezept enthält:

372 kcal (1533 kJ)	10 g Eiweiß
44 g Kohlenhydrate	17 g Fett

Zutaten für ca. 580 g

- ½ TL Kreuzkümmel
- ½ TL Koriandersamen
- 300 g Chilis
- 1 Paprikaschote
- 3 Zitronen
- 2 Knoblauchzehen
- 1 EL Salz
- 1 EL mildes Bio-Olivenöl, extra vergine

Zubereitung

1 Kreuzkümmel- und Koriandersamen in einer Pfanne ohne Öl anrösten, bis sie leise knistern und ihren Duft verströmen. Abkühlen lassen.

2 Die Chilis waschen, aufschneiden, den Stielansatz entfernen, entkernen und die Scheidewände herausnehmen. Die Paste wird immer schärfer, je mehr Samen und Scheidewände sie in der Chili lassen. Paprika waschen, aufschneiden, den Stielansatz entfernen, entkernen und mit den Chilis in grobe Stücke schneiden. Zitronen auspressen. Knoblauch schälen.

3 Chilis, Paprika, Kreuzkümmel, Koriandersamen und Knoblauch in einer Küchenmaschine zu einem feinen Mus pürieren. Zitronensaft hinzufügen und mischen. Mit Salz würzen.

4 Mus ca. 16 Minuten aufkochen, bis alles Wasser verdampft ist. Olivenöl zufügen, in saubere Gläser füllen und mit einer Schicht Olivenöl auf der Oberfläche versiegeln. Deckel fest verschließen. Im Kühlschrank ist Harissa mehrere Wochen haltbar.

FRÜHSTÜCK

Zum Frühstück eignet sich immer frisches Obst in allen Varianten. Richten Sie sich das Obst schön auf einem Teller an – es sieht dann interessanter und appetitanregender aus als „nur“ in einen Apfel zu beißen. Zum Mitnehmen eignet sich auch gut ein Salat aus verschiedenen Obstsorten.

Wer unter Heißhungerattacken leidet, isst einfach eine kleine Handvoll Mandeln.

Natürlich kann man sich das Obst mit allerlei anderen Zutaten zu einem vitamingeladenen Smoothie zusammenstellen und es einfach in einem großen To-go-Becher mitnehmen. Dafür gibt es auf der nächsten Seite von Hans-Jürgen Lahann von „Schmerzfrei durch Ernährung“ ein Baukastensystem: Schneller und einfacher geht es nicht!

Hier die Regeln für die Zubereitung:

1. Je grüner das Blattgemüse, umso besser.
2. Je einfacher die Zusammensetzung des Smoothies, umso besser – vor allem für Anfänger.
3. Die Sorten des Blattgemüses auch mal abwechseln.
4. Der Smoothie ist eine komplette Mahlzeit, kein Getränk!
5. Möhrengrün, Blätter von Kohlrabi usw. nur in einem Hochleistungsmixer verwenden, weil er im Stande ist, die Zellen aufzuschlagen und das Chlorophyll freizusetzen.
6. Obst grob klein schneiden, bei Äpfeln und Birnen kann das Kerngehäuse drinbleiben, also nur die Stängel und Blütenansatz rausschneiden.
7. Zuerst das Blattgemüse und das Wasser in den Mixer füllen und ca. 1 Minute mixen, dann erst die anderen Zutaten dazugeben.

Smoothiebaukasten für den gesunden Genuss

MENGE	ART	BEISPIEL	WIRKUNG
1 Handvoll	grünes Blattgemüse	Kopfsalat, Spinat, Feldsalat, Rucola, Grünkohl, Chinakohl	Entgiftung, Versorgung mit Mineralstoffen, Chlorophyll und sekundären Pflanzenstoffen
1 Stück oder 1 Handvoll	Obst	Apfel, Birne, Mango, Papaya, diverse Beeren, Orange	Versorgung mit Vitalstoffen, Überdeckung des bitteren Geschmacks des grünen Blattgemüses
100 ml	Wasser oder frisch gepresster Obstsaft	Orangensaft, Apfelsaft	Verdünnen und Geschmacksintensivierung
1 Esslöffel oder 1 Stück	Flohsamenschalen, Obst	Flohsamenschalen, Banane, Avocado	Andicken, zusätzliche positive Wirkung je nach Lebensmittel
Nach Bedarf			
1 Handvoll	Wildkräuter	Löwenzahn	Zusätzliche Erhöhung der Vitalstoffdichte, Geschmacksvariationen
1 Teelöffel	Gewürze I	Zimt, Vanille	Geschmacksvariationen
	Superfood	Gerstengraspulver, Weizengras oder Chlorellaalgen	Geschmack, zusätzliche positive Wirkung je nach Lebensmittel
1 Stück oder 1 Prise	Gewürze II	Ingwer, Chilipulver	Zusätzliche Erhöhung der Vitalstoffdichte, Geschmacksvariationen

Quelle: Hans-Jürgen Lahann, „Schmerzfrei durch Ernährung"

Ein beerenstarker Obstteller

Zubereitungszeit: 15 Minuten

Dieses Rezept enthält:

399 kcal (1672 kJ)	6 g Eiweiß
86 g Kohlenhydrate	3 g Fett

Zutaten für 1 Portion

- 75 g Erdbeeren
- 50 g Heidelbeeren
- 60 g Himbeeren
- 50 g Brombeeren
- 110 g Kirschen
- 100 g Weintrauben
- 55 g blaue Pflaumen (ca. 2 Stück)
- 1 mittelgroße Banane (ca. 150 g ohne Schale)

Zubereitung

Obst waschen, in appetitliche Stücke schneiden und auf einer Platte garnieren. Die Pflaumen entkernen, Banane schälen und scheibenweise mit zum anderen Obst drapieren.

TIPP

Das Obst ist natürlich austauschbar. Versuchen Sie, jeden Tag andere Obstsorten zu probieren – so wird Ihr Obstteller niemals langweilig!

Erdmandel-Porridge

Zubereitungszeit: 15 Minuten

Dieses Rezept enthält:

304 kcal (1272 kJ)	5 g Eiweiß
32 g Kohlenhydrate	16 g Fett

Zutaten für 1 Portion

150 ml Mandelmilch

4 EL Erdmandelflocken

½ TL Mandelmus

Zubereitung

1 Die Mandelmilch in einem kleinen Topf zum Kochen bringen. Die Erdmandelflocken unterrühren, dann die Herdplatte abstellen und 10 Minuten quellen lassen.

2 Mandelmus unter das Erdmandelporridge rühren, in eine Schüssel füllen und nach Belieben mit gehackten Mandeln und frischem Obst toppen.

TIPP

Ergänzen Sie das Porridge nach Belieben mit frischen Beeren oder anderem Obst. Das dient dann als Zuckerersatz, sodass kein anderes Süßungsmittel nötig ist. Seien Sie kreativ!

Ananas-Heidelbeer-Kiwi-Smoothie

Zubereitungszeit: 15 Minuten

Dieses Rezept enthält:

155 kcal (650 kJ)	2 g Eiweiß
33 g Kohlenhydrate	1 g Fett

Zutaten für 500 ml

- 200 g frische Ananas
- 50 g Heidelbeeren
- 1 Kiwi
- 1 Msp. Chlorella-Algenpulver
- ½ TL Gerstengraspulver
- ½ TL Flohsamenschalen
- 200 ml kaltes Quellwasser

Zubereitung

Alle Zutaten in den Mixer geben und zu einem cremigen Smoothie mixen. Ca. 5 Minuten stehen lassen. Die Flohsamenschalen quellen nach und verleihen dadurch dem Smoothie eine samtige Konsistenz. Je nach Geschmack verdünnen Sie dann noch einmal mit etwas Wasser.

Apfelstrudel-Smoothie

Zubereitungszeit: 10 Minuten

Dieses Rezept enthält:

208 kcal (869 kJ)	2 g Eiweiß
44 g Kohlenhydrate	2 g Fett

Zutaten für ca. 500 ml

- 2 süß-säuerliche Äpfel (z. B. Braeburn)
- 20 g Rosinen
- ½ –1 TL Zimtpulver
- Mark von 1 Vanilleschote
- 150 ml kalte Mandelmilch
- 100 ml kaltes Quellwasser
- 1 kleines Stück Ingwer oder/und
- 1 TL Maca-Pulver nach Belieben

Zubereitung

Äpfel schälen, das Kerngehäuse entfernen und achteln. Zusammen mit dem Mark der Vanilleschote und den anderen Zutaten in den Mixer geben. Zu einem glatten Smoothie mixen.

TIPP

Es ist natürlich auch möglich, die Äpfel vorher nicht zu schälen. Allerdings bekommt der Smoothie dann eine „krisselige" Konsistenz auf der Zunge, da die Schalen nicht klein genug gemixt werden können.

Apfelmusfrühstück to go

Zubereitungszeit: 20 Minuten

1 Portion enthält:

171 kcal (713 kJ)	2 g Eiweiß
34 g Kohlenhydrate	3 g Fett

Zutaten für 8 Portionen

- 2 kg süß-säuerliche Äpfel (z. B. Braeburn oder Boskoop)
- 1 Vanilleschote
- 2 kleine Bananen
- 30 g Mandeln, gehackt

TIPP

Es ist natürlich auch möglich, die Äpfel vorher nicht zu schälen. Allerdings bekommt das Apfelmus dann eine „krisselige" Konsistenz, da die Schalen vom Pürierstab nicht fein genug gemixt werden können.
Sie brauchen keinen Zucker und auch kein Wasser. Es wird beim Kochvorgang genug Apfelsaft aus den Stücken austreten und das Mus sämig und süß machen. Wenn die Äpfel zu trocken sein sollten und sie drohen, am Topfboden anzubrennen, können Sie natürlich einen Schuss Wasser dazugeben.
Gut verschlossen hält sich das Mus einige Tage im Kühlschrank.

Zubereitung

1 Äpfel schälen, entkernen und in kleine Stücke schneiden. Je kleiner die Stücke, desto kürzer ist die Kochzeit und umso mehr Vitamine bleiben erhalten.

2 Apfelstücke in einen Topf geben. Vanilleschote der Länge nach aufschlitzen, das Mark herauskratzen und in den Topf geben. Die leere Schote ebenfalls in den Topf legen und den Herd auf mittlere Flamme stellen. Ab und zu umrühren.

3 Nach ein paar Minuten mit einem Messer in die Äpfel stechen. Wenn sie ohne Probleme von der Klinge rutschen, sind sie gar und können püriert werden. Vorher aber die leere Vanilleschote entfernen. Abkühlen lassen.

4 Für das „Frühstück to go" ein Schraubglas oder eine gut verschließbare Box nehmen und einige Esslöffel Apfelmus einfüllen. Die Banane in Scheiben schneiden, auf das Apfelmus geben und mit gehackten Mandeln bestreuen. Diese sorgen für den extra Crunch.

DRESSINGS UND DIPS

Senfvinaigrette oder -marinade

Zubereitungszeit: Vinaigrette 10 Minuten, Marinade 15 Minuten

Dieses Rezept enthält:

908 kcal (3800 kJ)	1 g Eiweiß
2 g Kohlenhydrate	97 g Fett

Zutaten für ca. 300 ml

- 150 ml Bio-Gemüsebrühe ohne Hefe und Geschmacksverstärker
- 4 EL Zitronensaft
- 3 TL hochwertiger Bio-Senf
- 7 EL Bio-Olivenöl, extra vergine
- Salz
- Pfeffer

Zubereitung

1 Zubereitung kalt als Vinaigrette: Alle Zutaten gut miteinander verrühren. Die Vinaigrette hält sich einige Tage im Kühlschrank.

2 Zubereitung warm als Marinade: Alle Zutaten in einen kleinen Topf geben und unter Rühren kurz aufkochen. Der Senf sollte gut aufgelöst sein. Die Marinade über Gemüse oder Kartoffeln geben und eine Zeit lang ziehen lassen (mindestens 1 Stunde – am besten länger). Die Marinade hält sich einige Tage im Kühlschrank.

TIPP

Eine Vinaigrette wird vorwiegend kalt bei Salaten eingesetzt, Marinade bei Gemüse und Fleisch, um sie zarter zu machen oder zu aromatisieren. Eine warme Marinade zieht besser in das Gemüse ein, auch in kaltes Gemüse.

Kürbiskernöl-Orangensaft-Dressing

Zubereitungszeit: 10 Minuten

Dieses Rezept enthält:

345 kcal (1443 kJ)	1 g Eiweiß
4 g Kohlenhydrate	35 g Fett

Zutaten für ca. 100 ml

- 10 ml Bio-Kürbiskern-Öl
- 20 ml Bio-Olivenöl, extra vergine
- 10 ml Bio-Leinöl
- 30 ml frisch gepresster Zitronensaft
- 40 ml frisch gepresster Orangensaft
- Salz
- Pfeffer

Zubereitung

Alles miteinander vermischen und mit Salz und Pfeffer abschmecken.

Mojo verde

Zubereitungszeit: 15 Minuten

Dieses Rezept enthält:

860 kcal (3601 kJ)	5 g Eiweiß
14 g Kohlenhydrate	85 g Fett

Zutaten für 4 Portionen

- 1 grüne Paprika
- 1 grüne Chilischote
- ½ Bund Petersilie
- ½ Bund Koriander
- 2 Knoblauchzehen
- 100 ml Bio-Olivenöl, extra vergine
- 2 EL Zitronensaft
- 1 TL Kreuzkümmelpulver
- Salz
- Pfeffer

Zubereitung

1 Paprika und Chilischote waschen, halbieren und die Kerne, den Stielansatz sowie die Scheidewände entfernen. Petersilie und Koriander waschen und inklusive der Stiele grob hacken. Die Knoblauchzehen abziehen.

2 Alle Zutaten in einen Standmixer geben und fein pürieren. Mit Salz und Pfeffer abschmecken.

Mojo rojo

Zubereitungszeit: 15 Minuten

Dieses Rezept enthält:

963 kcal (4030 kJ)	7 g Eiweiß
35 g Kohlenhydrate	85 g Fett

Zutaten für 4 Portionen

- 2 rote Paprika
- 6 Knoblauchzehen
- 25 ml Bio-Gemüsebrühe ohne Hefe und Geschmacksverstärker
- 1 Prise Kreuzkümmelpulver
- ½ TL Paprikapulver
- 100 ml Bio-Olivenöl, extra vergine
- 15 ml Zitronensaft
- Salz nach Geschmack

Zubereitung

1 Paprika halbieren, den Stielansatz, die Kerne und Scheidewände entfernen. Knoblauch schälen. Mit der Gemüsebrühe und den Gewürzen in einen Mixer geben und zu einer glatten Sauce mixen. Mit Salz abschmecken.

2 Nun das Olivenöl bei laufendem Mixer langsam in einem dünnen Strahl in die Mojo laufen lassen. Das macht die Sauce ein wenig sämiger. Mit Zitronensaft und Salz abschmecken.

Bärlauchdressing

Zubereitungszeit: 10 Minuten

Dieses Rezept enthält:

1501 kcal (6282 kJ)	3 g Eiweiß
18 g Kohlenhydrate	153 g Fett

Zutaten für ca. 450 ml

- 100 g Bärlauch
- 20 ml Bio-Kürbiskernöl
- 10 ml Bio-Leinöl
- 160 ml Orangensaft, frisch gepresst
- 150 ml Bio-Olivenöl, extra vergine
- Saft von ½–1 Zitrone
- Salz
- Pfeffer

Zubereitung

Alle Zutaten, bis auf Salz und Pfeffer, zusammen im Mixer oder mithilfe des Pürierstabs zu einem Dressing mixen. Mit Salz und Pfeffer abschmecken.

TIPP

Das Dressing lässt sich im Eiswürfelbehälter einfrieren und dann in Gefriertüten im Tiefkühlschrank gut lagern.
Bitte sammeln Sie den Bärlauch nicht großflächig ab, damit sich der Bestand danach schnell wieder erholen kann. Als Faustregel gilt: Eine große Handvoll pro Person.

Knoblauch-Brühe-Dressing

Zubereitungszeit: 10 Minuten

Dieses Rezept enthält:

790 kcal (3308 kJ)	1 g Eiweiß
5 g Kohlenhydrate	82 g Fett

Zutaten für ca. 210 ml

- 6 EL Bio-Olivenöl, extra vergine
- 2 Knoblauchzehen
- 2 ½ EL frisch gepresster Zitronensaft
- 80 ml Wasser
- 1 ½ EL Bio-Gemüsebrühe ohne Hefe und Geschmacksverstärker
- Salz
- Pfeffer

Zubereitung

Alle Zutaten, bis auf Salz und Pfeffer, zusammen im Mixer oder mithilfe des Pürierstabs zu einem Dressing mixen. Mit Salz und Pfeffer abschmecken.

Guacamole

Zubereitungszeit: 10 Minuten

Dieses Rezept enthält:

1468 kcal (6145 kJ) | 15 g Eiweiß
21 g Kohlenhydrate | 141 g Fett

Zutaten für 4 Portionen

- 3 reife Avocados
- 2 kleine Knoblauchzehen
- 3 Frühlingszwiebeln
- 3 mittelgroße Tomaten
- Saft einer halben Zitrone
- Salz

Zubereitung

1 Avocados halbieren, den Kern entfernen, Fruchtfleisch in einen Mixbecher löffeln und mit dem Knoblauch fein pürieren.

2 Tomaten vom Strunk befreien und mit den Frühlingszwiebeln in feine Würfel hacken. Unter das Avocadopüree heben. Mit Zitronensaft und Salz abschmecken.

TIPP

Der Zitronensaft ist nicht nur für den Geschmack wichtig, sondern auch dafür, dass sich die Guacamole nicht zu einem unansehnlichen braunen Brei verfärbt. Ideal zum Dippen.

Paprika-Dip oder -Sauce

Zubereitungszeit: 45 Minuten

Dieses Rezept enthält:

247 kcal (1036 kJ)	9 g Eiweiß
44 g Kohlenhydrate	3 g Fett

Zutaten für ca. 640 g

- 4 große rote Paprika
- 2 Knoblauchzehen
- 1 TL Zitronensaft
- Salz

Zubereitung

1 Ofen auf 180 °C Umluft vorheizen.

2 Paprika halbieren, den Stielansatz, die Kerne und Scheidewände entfernen und mit der Schnittfläche nach unten auf ein mit Backpapier ausgelegtes Backblech legen. – Nicht (!) salzen oder mit Öl bestreichen! Die Paprika im Ofen in ca. 15 Minuten weich garen. Danach die Grillfunktion im Ofen aktivieren, Temperatur auf 250 °C erhöhen.

3 Inzwischen den Knoblauch schälen.

4 Wenn die Häute komplett schwarz geworden sind und Blasen werfen, die Paprika aus dem Ofen nehmen, in eine verschließbare Dose legen, Deckel aufsetzen und ca. 10 Minuten ausdampfen lassen. Die Häute lösen sich durch den austretenden heißen Dampf und lassen sich nach ein paar Minuten problemlos abziehen.

5 Die Paprika nun mit ein paar Spritzern Zitronensaft und dem Knoblauch mithilfe eines Pürierstabs zu einer glatten Sauce pürieren. Mit Salz abschmecken.

TIPP

Schmeckt hervorragend als Gemüsedip, als Sauce für Gemüsespaghetti oder einfach als Brotaufstrich.

Grillgemüse-Dip

Zubereitungszeit: 45 Minuten

Dieses Rezept enthält:

850 kcal (3558 kJ)	11 g Eiweiß
34 g Kohlenhydrate	72 g Fett

Zutaten für 4 Portionen

- 2 EL Zitronensaft
- 2 rote Paprika
- 2 Rosmarinzweige
- 2 Knoblauchzehen
- 1 Aubergine
- 1 Zucchini
- 4 EL Bio-Olivenöl, extra vergine
- Salz
- 1 TL Kreuzkümmel
- ½ TL Harissa (siehe Seite 41)

Zubereitung

1 Die Paprika wie im Rezept „Paprika-Dip oder -Sauce“ (Seite 56) zubereiten. Backofen auf 220 °C Umluft vorheizen.

2 Aubergine und Zucchini waschen, in 1 cm dicke Stücke schneiden. Zusammen mit den abgezupften Nadeln des Rosmarins und dem Knoblauch in der Schale auf das Backblech setzen. Die Knoblauchzehe vorher leicht andrücken damit die Schale aufplatzt. Mit 3 EL Olivenöl beträufeln und leicht salzen. Im Backofen ca. 20 Minuten grillen.

3 Gemüse und Rosmarin aus dem Ofen nehmen, Knoblauch aus der Schale drücken (Schale entsorgen) und zur Paprika geben. Den Zitronensaft, das restliche Olivenöl, Kreuzkümmel und Harissa zum Gemüse geben. Mit einem Pürierstab grob pürieren.

SALATE

Indischer Karotten-Mango-Minze-Salat

Zubereitungszeit: 30 Minuten

Dieses Rezept enthält:

1185 kcal (4960 kJ)	15 g Eiweiß
125 g Kohlenhydrate	66 g Fett

1 Portion enthält:

296 kcal (1240 kJ)	4 g Eiweiß
31 g Kohlenhydrate	16 g Fett

Zutaten für 6 Portionen

700 g Karotten
1 Mango
5 große Stiele Pfefferminze
Salz

Für das Dressing

50 ml Zitronensaft
75 ml Bio-Olivenöl, extra vergine
2 EL Dattelsüße (siehe Seite 35)
Salz

TIPP

Ich finde der Karotten-Mango-Minze-Salat schmeckt noch besser, wenn er über Nacht im Kühlschrank durchzieht. Am nächsten Tag noch einmal mit Salz abschmecken.

Zubereitung

1 Karotten schälen und fein raspeln. Mango schälen, Stein entfernen, das Fruchtfleisch in feine Streifen schneiden. Die Minzblätter von den Stielen pflücken und fein hacken. Alles zusammen in einer großen Schüssel mischen.

2 Aus den ausgepressten Zitronen, Olivenöl, Dattelsüße und Salz nach Geschmack ein Dressing mischen und über den Salat gießen.

Tomatensalat

Zubereitungszeit: 20 Minuten

Dieses Rezept enthält:

1009 kcal (4221 kJ)	13 g Eiweiß
42 g Kohlenhydrate	85 g Fett

1 Portion enthält:

252 kcal (1055 kJ)	3 g Eiweiß
10 g Kohlenhydrate	21 g Fett

Zutaten für 4 Portionen

Für das Dressing

6 EL Bio-Olivenöl, extra vergine

3 EL frisch gepresster Zitronensaft

80 ml Wasser

1 ½ EL Bio-Gemüsebrühe ohne Hefe und Geschmacksverstärker

1–2 Knoblauchzehen

Für den Salat

1 kg verschiedene Cocktailtomaten

2 Frühlingszwiebeln

einige Blätter und Blüten Kapuzinerkresse (nach Belieben ein Kästchen Kresse)

eine kleine Handvoll zarte Innenblätter von der Selleriestaude

Zubereitung

1 Für das Dressing Öl, Zitronensaft, Wasser und Gemüsebrühe miteinander vermischen. Knoblauchzehen abziehen und durch die Presse zum Dressing drücken.

2 Für den Salat Tomaten waschen und vierteln. Frühlingszwiebeln in schräge, feine Ringe schneiden. Blätter der Kapuzinerkresse und vom Sellerie klein schneiden.

3 Tomaten und Frühlingszwiebeln auf einer Platte anrichten, Kapuzinerkresseblätter und Sellerie darauf streuen, die Blüten dekorativ darüber verteilen und mit dem Dressing beträufeln.

Tomaten-Mango-Salat

Zubereitungszeit: 30 Minuten

Dieses Rezept enthält:

1108 kcal (4637 kJ)	9 g Eiweiß
68 g Kohlenhydrate	85 g Fett

1 Portion enthält:

277 kcal (1159 kJ)	2 g Eiweiß
17 g Kohlenhydrate	21 g Fett

Zutaten für 4 Portionen

- 2 EL gehackter, frischer Dill
- 6 EL Bio-Olivenöl, extra vergine
- 3 EL frisch gepresster Zitronensaft
- Salz
- Pfeffer
- 160 g gemischte Blattsalate
- 400 g Cherrytomaten
- 400 g frisches Mangofleisch
- essbare Blüten (z. B. Tagetesblütenblätter, Ringelblumen)

Zubereitung

1 Dressingzutaten, also Dill, Öl, Zitronensaft, Salz und Pfeffer, miteinander vermischen.

2 Die Blattsalate waschen, trockenschleudern oder gut abtropfen lassen und im Dressing wenden. Auf einem Teller in der Mitte anrichten.

3 Cherrytomaten vierteln. Mango schälen, das Fruchtfleisch vom Kern lösen, in Würfel schneiden und um den Salat herum verteilen.

4 Blütenblätter der essbaren Blüten abreißen und über den Salat streuen. Wer möchte, kann auch eine ganze Blüte in die Mitte des Salats setzen.

5 Tomaten und Mango mit restlichem Dressing beträufeln.

TIPP

Ich mache das Dressing gerne in einem Glas mit Schraubverschluss. Erstens kann man es darin gut schütteln und zweitens im Kühlschrank aufbewahren, falls etwas übrig ist.

Nektarinen-Tomaten-Salat

Zubereitungszeit: 20 Minuten

Dieses Rezept enthält:

6224 kcal (2600 kJ)	7 g Eiweiß
62 g Kohlenhydrate	36 g Fett

1 Portion enthält:

207 kcal (866 kJ)	2 g Eiweiß
20 g Kohlenhydrate	12 g Fett

Zutaten für 3 Portionen

- 5 mittelgroße Tomaten
- 3 Nektarinen
- 2 Frühlingszwiebeln
- Salz
- Pfeffer
- Kürbiskernöl-Orangensaft Dressing (siehe Seite 51)

Zubereitung

1 Tomaten und Nektarinen waschen, halbieren und dabei jeweils den Kern der Nektarinen und den Stielansatz der Tomaten entfernen. Das Fruchtfleisch in gleich dicke Scheiben schneiden und diese fächerförmig auf einem großen Teller anrichten. Die Frühlingszwiebeln schräg in feine Ringe schneiden und auf den Frucht- und Gemüsescheiben verteilen. Mit Salz und Pfeffer nach Belieben würzen.

2 Das Dressing über den Salat träufeln.

Paprika-Mandarinen-Salat

Zubereitungszeit: 20 Minuten

Dieses Rezept enthält:	
543 kcal (2273 kJ)	6 g Eiweiß
43 g Kohlenhydrate	37 g Fett

1 Portion enthält:	
272 kcal (1137 kJ)	3 g Eiweiß
21 g Kohlenhydrate	19 g Fett

Zutaten für 2 Portionen

- Kürbiskernöl-Orangensaft-Dressing (siehe Seite 51)
- 2 rote Paprika
- 3–4 Mandarinen
- Salz
- Pfeffer

Zubereitung

1 Paprika waschen, der Länge nach aufschneiden, Kerne und Scheidewände entfernen und in mundgerechte Stücke schneiden. Mandarinen filetieren und in Stücke schneiden.

2 Dressing hinzufügen und alles miteinander vermischen. Zum Schluss mit Salz und Pfeffer abschmecken.

Warmer Zucchini-Birnen-Salat

Zubereitungszeit: 40 Minuten

Dieses Rezept enthält:

950 kcal (3973 kJ)	9 g Eiweiß
59 g Kohlenhydrate	72 g Fett

1 Portion enthält:

475 kcal (1986 kJ)	5 g Eiweiß
29 g Kohlenhydrate	36 g Fett

Zutaten für 2 Portionen

2 süße Birnen
2 mittelgroße Zucchini
1 große Zwiebel
1 Frühlingszwiebel
1 gestrichener EL Koriandersamen

Für das Dressing

2 Zitronen
5 EL Bio-Olivenöl, extra vergine
2 EL Dattelsüße
2 EL Wasser
Salz
Pfeffer

Zubereitung

1 Birnen und Zucchini waschen und das Fruchtfleisch mit einem Sparschäler in dünne Streifen schneiden. Das Birnenkerngehäuse entsorgen, den wässrigen Zucchiniinnenteil in einem Smoothie verarbeiten.

2 Zwiebel schälen, halbieren und in feine Halbmonde schneiden. Die Frühlingszwiebel schräg in feine Ringe schneiden. Koriandersamen in einem Mörser zu Pulver zermahlen.

3 Für das Dressing die Zitronen auspressen. Den Saft mit Olivenöl, Dattelsüße, 2 EL Wasser, Salz und Pfeffer nach Geschmack mischen. Zur Seite stellen.

4 Zwiebelringe, Zucchini- und Birnenstreifen in 1 EL Olivenöl in einer Pfanne kurz anbraten. Das Korianderpulver hinzufügen und nach Geschmack salzen und pfeffern. Gemüse in eine Schüssel füllen, das Dressing darüber gießen, mischen und bei Bedarf erneut mit Salz und Pfeffer abschmecken.

5 Auf Tellern anrichten und mit den Frühlingszwiebelringen bestreuen. Sofort servieren.

Karotten-Dreierlei

Zubereitungszeit: 20 Minuten

Dieses Rezept enthält:	
585 kcal (2446 kJ)	7 g Eiweiß
53 g Kohlenhydrate	36 g Fett

1 Portion enthält:	
195 kcal (815 kJ)	2 g Eiweiß
18 g Kohlenhydrate	12 g Fett

Zutaten für 3 Portionen

- 2 lila Karotten
- 2 gelbe Karotten
- 2 orangene Karotten
- 2 Frühlingszwiebeln
- Kürbiskernöl-Orangensaft-Dressing (siehe Seite 51)
- Dillspitzen

Zubereitung

1 Karotten schälen, in feine Scheiben schneiden oder hobeln und in eine Schüssel geben. Frühlingszwiebeln schräg in feine Ringe schneiden und unter die Karotten heben.

2 Das Dressing mischen, über den Salat geben und mit Dillspitzen garnieren.

Sugar-Snap-Salat

Zubereitungszeit: 20 Minuten

Dieses Rezept enthält:

1287 kcal (5387 kJ)	25 g Eiweiß
56 g Kohlenhydrate	102 g Fett

1 Portion enthält:

322 kcal (1347 kJ)	6 g Eiweiß
14 g Kohlenhydrate	26 g Fett

Zutaten für 4 Portionen

600 g Zuckerschoten
40 g klein gehackter, frischer Schnittlauch
Für das Dressing
150 ml Bio-Gemüsebrühe ohne Hefe und Geschmacksverstärker
3 EL frisch gepresster Zitronensaft
3 TL Bio-Senf
7 EL Bio-Olivenöl, extra vergine
Salz
Pfeffer

Zubereitung

1 Zuckerschoten abfädeln und in kochendem Salzwasser 5 Minuten blanchieren. Danach sofort in kaltem Wasser abschrecken. So bleibt das Gemüse knackig und behält seine grüne Farbe! Abtropfen lassen und in eine Schüssel geben.

2 Die Zutaten für das Dressing verrühren, abschmecken und über die Zuckerschoten gießen. Den Schnittlauch klein schneiden und über den Salat streuen.

Roher Rotkohlsalat

Zubereitungszeit: 30–45 Minuten

Dieses Rezept enthält:

831 kcal (3478 kJ)	18 g Eiweiß
102 g Kohlenhydrate	37 g Fett

1 Portion enthält:

138 kcal (579 kJ)	3 g Eiweiß
17 g Kohlenhydrate	6 g Fett

Zutaten für 6 Portionen

750 g Rotkohl
1 EL Salz
125 ml kochendes Wasser
1 Apfel
1 Zwiebel
1 Banane
1 Orange

Für das Dressing

80 ml Wasser
40 ml frisch gepresster Zitronensaft
40 ml Bio-Olivenöl, extra vergine
Salz
Pfeffer

Zubereitung

1 Rotkohl waschen, halbieren und in feine Streifen hobeln, in eine Schüssel schichten und Salz portionsweise dazwischen verteilen. Dann den geschichteten Rotkohl mit einem Mörserstößel oder Fleischklopfer leicht stampfen. Die Fasern müssen aufbrechen, damit der Zitronensaft den Kohl roh garen kann und er dadurch bekömmlicher für den Magen wird. Das Salz entzieht dem Kohl Wasser und lässt so zusammen mit dem Zitronensaft und dem Olivenöl ein schönes Dressing entstehen. Alles mit kochendem Wasser übergießen und zur Seite stellen.

2 Den Apfel waschen, halbieren, entkernen, aber nicht schälen. Zwiebel und Banane schälen. Apfel (mit Schale), Zwiebel und Banane in kleine Stücke schneiden.

3 Orange filetieren, klein schneiden und zusammen mit dem restlichen Obst zum Rotkohl geben und untermischen.

4 Die übrigen Zutaten zum Dressing verrühren und das Ganze über den Salat gießen. Alles noch einmal mischen und bis zum Anrichten im Kühlschrank ziehen lassen.

Wachsbohnensalat

Zubereitungszeit: 30 Minuten

Dieses Rezept enthält:

973 kcal (4071 kJ)	11 g Eiweiß
37 g Kohlenhydrate	84 g Fett

1 Portion enthält:

487 kcal (2035 kJ)	5 g Eiweiß
19 g Kohlenhydrate	42 g Fett

Zutaten für 2 Portionen

500 g frische Wachsbohnen
2 kleine rote Zwiebeln
Salz

Für das Dressing

6 EL Bio-Olivenöl, extra vergine
2 EL Zitronensaft
2 EL Wasser
2 EL frisch gepresster Orangensaft
Salz
Pfeffer

Zubereitung

1 Die Wachsbohnen putzen, waschen und in Salzwasser garen, abschütten und abkühlen lassen. In mundgerechte Stücke schneiden und in eine Schüssel geben.

2 Rote Zwiebeln abziehen, in feine Würfel schneiden und zu den Bohnen in die Schüssel legen.

3 Dressing zubereiten und über dem Salat verteilen. Gut mischen.

Christins Krautsalat

Zubereitungszeit: 45 Minuten

Dieses Rezept enthält:

2366 kcal (9899 kJ)	19 g Eiweiß
77 g Kohlenhydrate	211 g Fett

1 Portion enthält:

338 kcal (1414 kJ)	3 g Eiweiß
11 g Kohlenhydrate	30 g Fett

Zutaten für 7 Portionen

1 mittelgroßer Weißkohl (ca. 1 kg)
3 Karotten
1 rote Paprika
1 Zwiebel

Für das Dressing

1 Tasse mildes Bio-Olivenöl, extra vergine
1 ½ Tassen naturtrüber Apfelessig
1 ½ EL Salz

Zubereitung

1 Vom Weißkohl die äußeren Blätter entfernen, vierteln. Fein hobeln, dabei den Strunk nicht mitverwenden. Paprika waschen, halbieren, Scheidewände und Samen entfernen. Zwiebel und Karotten schälen. Die drei Zutaten fein hobeln. Gemüse in eine Schüssel geben.

2 Zutaten für das Dressing gut verrühren und in einem Topf aufkochen, bis sich das Salz gelöst hat. Noch heiß über das Gemüse gießen, untermischen und über Nacht im Kühlschrank ziehen lassen.

3 Natürlich kann man den Salat auch sofort verzehren – er schmeckt aber deutlich besser, wenn man ihn über Nacht ziehen lässt.

Rote-Bete-Carpaccio

Zubereitungszeit: 45 Minuten

Dieses Rezept enthält:

835 kcal (3495 kJ)	23 g Eiweiß
94 g Kohlenhydrate	38 g Fett

1 Portion enthält:

209 kcal (874 kJ)	6 g Eiweiß
23 g Kohlenhydrate	10 g Fett

Zutaten für 4 Portionen

- 4 mittelgroße frische Rote Bete
- 150 g Feldsalat
- 250 g Champignons
- 2 Frühlingszwiebeln
- 1 Mango
- Kürbiskernöl-Orangensaft-Dressing (siehe Seite 51)
- Salz

Zubereitung

1 Die Rote Bete mit Wurzel und Blattansatz in einen Topf mit Salzwasser legen, Deckel auflegen und weichkochen. Danach unter fließendem Wasser die Haut von der Knolle schieben. Wurzel- und Blätteransatz abschneiden und den Rest in hauchfeine Scheiben hobeln. Die Scheiben dachziegelartig auf vier Tellern anrichten

2 Mango schälen, Fruchtfleisch vom Stein schneiden und würfeln. Champignons mit einem feuchten Küchentuch vorsichtig abreiben, in dünne Scheiben hobeln. Frühlingszwiebeln schräg in feine Ringe und Tomaten in Scheiben schneiden. Den Feldsalat waschen und zu große Wurzeln entfernen.

3 Alle Zutaten dekorativ auf den Rote-Bete-Scheiben anrichten. Dressing zubereiten und darüber träufeln.

TIPP

Wem Mango nicht schmeckt, kann diese auch durch Mandarinen, Weintrauben, Orangen, Granatapfelkerne oder Grapefruit ersetzen. Es ist natürlich auch möglich, die Rote Bete „roh“ zu lassen und dünn zu hobeln.

Grüne-Bohnen-Salat

Zubereitungszeit: 20 Minuten

Dieses Rezept enthält:

550 kcal (2299 kJ)	32 g Eiweiß
62 g Kohlenhydrate	18 g Fett

1 Portion enthält:

137 kcal (575 kJ)	8 g Eiweiß
15 g Kohlenhydrate	5 g Fett

Zutaten für 4 Portionen

1 kg frische flache grüne Bohnen
1 EL Bio-Olivenöl, extra vergine
2 Zwiebeln
3 Knoblauchzehen (nach Geschmack mehr oder auch weniger)
Salz
Pfeffer

Zubereitung

1 Die Bohnen waschen, putzen, schräg in Rauten schneiden und in Salzwasser gar kochen. Abgießen und zur Seite stellen.

2 Zwiebeln und Knoblauch abziehen, Zwiebeln in kleinen Würfel schneiden, Knoblauch hacken. Beides in der Pfanne mit dem Öl andünsten.

3 Die Bohnen dazugeben, durchschwenken und mit Salz und Pfeffer abschmecken.

Grüner Spargel-Rucola-Erdbeer-Salat

Zubereitungszeit: 30 Minuten

Dieses Rezept enthält:	
658 kcal (2753 kJ)	17 g Eiweiß
42 g Kohlenhydrate	45 g Fett

1 Portion enthält:	
165 kcal (688 kJ)	4 g Eiweiß
11 g Kohlenhydrate	11 g Fett

Zutaten für 4 Portionen

- 500 g grüner Spargel
- 125 g Rucola
- 500 g frische Erdbeeren
- Salz

Für das Dressing

- 2 EL naturtrüber Apfelessig oder Zitronensaft
- 6 TL Bio-Olivenöl, extra vergine
- Salz
- Pfeffer

Zubereitung

1 Den Spargel waschen, holzige Enden abschneiden und in kochendem Salzwasser bissfest kochen. Abgießen und sofort mit kaltem Wasser abschrecken, damit er nicht weiter gart und seine grüne Farbe behält. In mundgerechte Stücke schneiden und in eine Schüssel geben. Ganz abkühlen lassen.

2 Rucola waschen, trocken schleudern, grob zerkleinern und zum Spargel geben. Erdbeeren waschen, trocknen, Stielansatz entfernen, in Viertel schneiden und zum Spargel und Rucola geben. Das Dressing anrühren und über den Salat gießen. Gut mischen.

PESTOS UND SAUCEN

Basilikumpesto

Zubereitungszeit: 5 Minuten

Dieses Rezept enthält:

1315 kcal (5500 kJ)	20 g Eiweiß
16 g Kohlenhydrate	126 g Fett

Zutaten für 3 Portionen

- 3 große Bund Basilikum (ca. 180 g)
- 2 Knoblauchzehen
- 50 g Mandeln, ungeschält
- 120 ml Bio-Olivenöl, extra vergine
- Salz
- Pfeffer

Zubereitung

Die Basilikumblätter abzupfen und in ein hohes Gefäß füllen. Knoblauchzehen abziehen und mit den Mandeln ebenfalls in das Gefäß geben. 100 ml Olivenöl zugießen und mit einem Pürierstab zu einer glatten Sauce mixen. Falls das Pesto zu breiig wird, noch etwas Olivenöl beim Pürieren hinzufügen. Mit Salz und Pfeffer abschmecken.

TIPP

Die Stiele des Basilikums lassen sich nicht glatt pürieren und fasern auf. Deshalb werden für dieses Pesto nur die Blätter benötigt.

Avocado-Pesto

Zubereitungszeit: 10 Minuten

Dieses Rezept enthält:

1461 kcal (6111 kJ)	15 g Eiweiß
19 g Kohlenhydrate	142 g Fett

Zutaten für 5 Portionen

- 3 große, reife Avocados (ca. 600 g)
- 3 Frühlingszwiebeln
- 2 Knoblauchzehen
- 1 großes Bund Basilikum (ca. 60 g)
- Saft von ½–1 Zitrone
- Salz
- Pfeffer

Zubereitung

1 Die Avocados halbieren, den Kern entfernen und das Fruchtfleisch mit einem Löffel in den Mixer kratzen. Frühlingszwiebeln grob zerschneiden und Knoblauch abziehen. Beides zur Avocado in den Mixer füllen. Die Blätter vom Basilikumstängel abzupfen und ebenfalls in den Mixer füllen. Einen Schuss Wasser hinzufügen und zu einem glatten Pesto mixen.

2 Zum Schluss mit Salz, Pfeffer und Zitronensaft abschmecken.

Rauchige Champignon-rahmsauce

Zubereitungszeit: 30 Minuten

Dieses Rezept enthält:

2863 kcal (11977 kJ)	127 g Eiweiß
28 g Kohlenhydrate	240 g Fett

Zutaten für 4 Portionen

- 800–1000 g Champignons
- 2 Zwiebeln
- 2 Knoblauchzehen
- 1 Bund Majoran (ca. 15 g)
- 1 TL mildes Bio-Kokosöl
- 1–2 TL geräuchertes Paprikapulver
- 1 TL Rauchsalz
- Salz
- Pfeffer
- 500 ml Mandelsahne (siehe Seite 33)

Zubereitung

1 Pilze mit einem feuchten Tuch abreiben und mit den Stielen in grobe Scheiben schneiden. Zwiebeln und Knoblauch abziehen und in feine Würfel schneiden.

2 Majoranblättchen von den Stielen zupfen und hacken. Sollten die Stängel noch schön weich sein, können auch diese mitverwendet werden. Einige Blättchen zum Garnieren zur Seite legen.

3 Zwiebeln, Knoblauch und Champignons in einer Pfanne mit Kokosöl anbraten. Nach einiger Zeit wird aus den Pilzen Flüssigkeit austreten. Das ist der Punkt, an dem die Gewürze in die Pfanne können. Kräftig würzen! Gehackte Majoranblätter dazugeben und mit der Mandelsahne auffüllen. Hitze reduzieren und die Sauce noch einige Minuten einreduzieren lassen.

4 Sauce in eine Sauciere füllen und mit frischen Majoranblättchen garnieren.

Rucola-Petersilien-Mandel-Pesto

Zubereitungszeit: 10 Minuten

Dieses Rezept enthält:

1595 kcal (6673 kJ)	32 g Eiweiß
15 g Kohlenhydrate	151 g Fett

Zutaten für 3 Portionen

- 125 g Rucola
- 1 großes Bund Petersilie
- 1 Knoblauchzehe
- 100 g ungeschälte Mandeln
- 120 ml Bio-Olivenöl, extra vergine
- Salz

Zubereitung

1 Den Rucola waschen, trocken schütteln und zusammen mit Mandeln, Knoblauch und Petersilie in einen Standmixer geben.

2 Olivenöl und eine gute Prise Salz zugeben und zu einem glatten Pesto mixen.

TIPP

Wer sein Pesto kalorienreduzierter haben möchte, kann ein Drittel des Öls durch Wasser ersetzen.
Pesto in ein Schraubglas füllen, mit einer geschlossenen Schicht Olivenöl versiegeln. Hält sich mindestens eine Woche.

Schottische Champignon-Spinat-Sauce

Zubereitungszeit: 30 Minuten

Dieses Rezept enthält:

164 kcal (686 kJ)	12 g Eiweiß
17 g Kohlenhydrate	5 g Fett

Zutaten für 2 Portionen

- 500 g Champignons
- 500 g frischer Blattspinat
- 1 Zwiebel
- 1 Knoblauchzehe
- 1 TL mildes Bio-Kokosöl
- Salz
- Pfeffer

Zubereitung

1 Die Champignons mit einem feuchten Tuch abreiben und mit Stielen in Scheiben schneiden. Den Spinat waschen und in einem Sieb abtropfen lassen. Die Zwiebeln und den Knoblauch abziehen und in grobe Stücke schneiden.

2 Die Champignons mit den Zwiebeln und dem Knoblauch in der Pfanne in Kokosöl andünsten. Den Spinat mit dazugeben und zerfallen lassen. Mit dem Pürierstab direkt in der Pfanne zu einer glatten Sauce pürieren. Sollte die Sauce zu dick sein, einfach ein wenig Wasser hinzufügen. Mit Salz und Pfeffer abschmecken.

SUPPEN

Basische Fastenbrühe

Zubereitungszeit: 60 Minuten

Dieses Rezept enthält:

236 kcal (986 kJ)	13 g Eiweiß
38 g Kohlenhydrate	3 g Fett

Zutaten für 2 ½ Liter Brühe

- 2 ½ Liter Wasser
- 200 g Selleriestangen
- 200 g Karotten
- 200 g Pastinaken
- 200 g Petersilienwurzeln
- 5 Wacholderbeeren
- 2 Lorbeerblätter
- frische oder getrocknete Kräuter (z. B. Thymian, Oregano, Rosmarin)

Vorweg

Diese Suppe wird ausschließlich während einer Fastenkur von wenigen Tagen vor der eigentlichen Basenfastenzeit getrunken. Damit wird der Darm für die bevorstehende Umstellung sensibilisiert und gereinigt.

Es werden von ihr pro Tag mindestens 2,5 Liter getrunken. Das bedeutet, die basische Fastenbrühe wird mit viel frischem Quellwasser (so viel man eben trinken kann) oder ungesüßten Kräutertees komplettiert.

Zubereitung

1 Gemüse waschen, putzen, zerkleinern und zusammen mit den Gewürzen im Wasser 20 bis 30 Minuten sanft köcheln lassen.

2 Gemüse und Gewürze abseihen. Gemüse für andere Familienmitglieder aufheben.

TIPP

Wurzelgemüse hat einen hervorragenden Geschmack. Sie können die basische Fastenbrühe aber auch mit Weißkohl, Brokkoli oder Zwiebel kombinieren.
Damit die Suppe nicht langweilig wird, können Sie sie sehr gut mit selbst hergestellten Gewürzmischungen, wie zum Beispiel Madras Currypulver oder Garam Masala abschmecken.
Wichtig: Bitte während der reinen Fastenzeit kein Salz und keine Gemüsebrühe verwenden und das Gemüse bitte nicht mit Fett anschwitzen!

Tomaten-Basilikum-Suppe

Zubereitungszeit: 30 Minuten

Dieses Rezept enthält:

497 kcal (2079 kJ)	18 g Eiweiß
64 g Kohlenhydrate	17 g Fett

1 Portion enthält:

248 kcal (1039 kJ)	9 g Eiweiß
32 g Kohlenhydrate	9 g Fett

Zutaten für 2 Portionen

- 2 große Zwiebeln
- 4 Knoblauchzehen
- 1 EL Bio-Olivenöl, extra vergine
- 900 ml rohe, passierte Tomaten (s. Seite 36)
- Salz
- Pfeffer
- 20 g Basilikumblätter
- 1 Frühlingszwiebel

Zubereitung

1 Zwiebeln und Knoblauch abziehen. Zwiebeln in feine Würfel schneiden, Knoblauch durch die Presse drücken. Beides in Olivenöl glasig anschwitzen. Mit passierten Tomaten auffüllen. Hitze reduzieren und sanft köcheln lassen. Mit Salz und Pfeffer abschmecken.

2 Basilikum in feine Streifen schneiden (einige Blättchen für die Dekoration aufheben) und in die Suppe rühren. Kurz ziehen lassen und die Suppe auf zwei Teller aufteilen.

3 Frühlingszwiebel schräg in dünne Ringe schneiden und zusammen mit den restlichen Basilikumblättchen garnieren.

TIPP

Wer möchte, kann die Suppe etwas gehaltvoller machen, indem er ein wenig Mandelsahne unter die Suppe zieht oder dekorativ darüber träufelt.

Japanische Zucchini-nudelsuppe

Zubereitungszeit: 30 Minuten

Dieses Rezept enthält:

175 kcal (731 kJ)	10 g Eiweiß
28 g Kohlenhydrate	2 g Fett

1 Portion enthält:

87 kcal (366 kJ)	5 g Eiweiß
14 g Kohlenhydrate	1 g Fett

Zutaten für 2 Schälchen

- 1–2 l Bio-Gemüsebrühe ohne Hefe und Geschmacksverstärker
- 210 g Zucchini
- 1 Champignon
- 8 Kaiserschoten
- 2 Karotten
- 1 Frühlingszwiebel
- Salz
- 50 g Gartenkresse

Zubereitung

1 In einem Topf die Brühe zum Kochen bringen.

2 Inzwischen Zucchini waschen, trocken reiben, Wurzel- und Stiefansatz entfernen und in einer Spiralschneidemaschine zu Zucchininudeln drehen. Champignon in Scheiben schneiden. Kaiserschoten putzen. Karotten schälen, längs in Scheiben und dann in Rauten schneiden. Die Frühlingszwiebel putzen und schräg in Ringe schneiden.

3 Zucchininudeln, Kaiserschoten und Karotten (bis auf die Frühlingszwiebel und den Champignon) in der Brühe bissfest garen. Mit Salz abschmecken.

4 Zucchininudeln und Gemüse auf zwei Schälchen aufteilen, mit Brühe auffüllen und mit Champignons, der Kresse und den Frühlingszwiebelringen garnieren. Wenn Brühe übrigbleibt, einfach in einem Glasgefäß mit Schraubdeckel im Kühlschrank aufbewahren.

5 Der echte Japanfan genießt die Suppe mit Stäbchen und schlürft nachher die Suppe aus dem Schälchen.

Kürbissuppe

Zubereitungszeit: 45 Minuten

Dieses Rezept enthält:

1775 kcal (7426 kJ)	50 g Eiweiß
328 g Kohlenhydrate	24 g Fett

1 Portion enthält:

296 kcal (1238 kJ)	8 g Eiweiß
55 g Kohlenhydrate	4 g Fett

Zutaten für 6 Portionen

- 1 mittelgroßer Hokkaidokürbis (ca. 800 g Fruchtfleisch)
- 1 mittelgroße Sellerieknolle (ca. 450 g geputzt, ohne Schale)
- 8 große Karotten
- 8 große Kartoffeln
- 1 große Zwiebel
- 2 Knoblauchzehen nach Belieben
- 1 EL Bio-Olivenöl, extra vergine
- 1 TL Salz
- Muskatnuss nach Belieben
- 6 EL Bio-Kürbiskernöl zum Garnieren

TIPP

Wer möchte, kann auch gerne ein paar Gemüsestücke für einen rustikalen Touch ganz lassen.
Die Kürbiskerne können Sie auch nutzen: Vom restlichen Fruchtfleisch befreien, in einer Pfanne ohne Fett rösten und über die Suppe streuen.

Zubereitung

1 Den Kürbis waschen, nicht schälen, halbieren, Stiel und Wurzelansatz wegschneiden, die Kerne mit einem Löffel herausschaben und den Kürbis in Stücke schneiden. Je kleiner die Stücke, desto schneller sind sie gar.

2 Sellerieknolle, Kartoffeln und Karotten schälen und in genauso große Stücke schneiden wie den Kürbis. Die Zwiebel abziehen und in grobe Stücke schneiden. Die Knoblauchzehen schälen.

3 Das Gemüse in einem hohen Topf mit Olivenöl anschwitzen. Mit Wasser auffüllen, sodass alles gut bedeckt ist. Salz nach Geschmack hinzufügen und bei geschlossenem Deckel ca. 20 Minuten weichkochen.

4 Dann mit einer Kelle ein Drittel des Kochwassers abschöpfen und beiseitestellen. Suppe nun mit einem Pürierstab direkt im Topf pürieren. So lange mit Kochwasser auffüllen, bis sie die gewünschte Konsistenz hat. Mit Muskatnuss abschmecken.

5 Die Suppe in Schalen füllen und mit Kürbiskernöl beträufeln.

Rote-Bete-Suppe

Zubereitungszeit: 60 Minuten

Dieses Rezept enthält:	
1616 kcal (6762 kJ)	55 g Eiweiß
157 g Kohlenhydrate	81 g Fett
1 Portion enthält:	
404 kcal (1691 kJ)	14 g Eiweiß
39 g Kohlenhydrate	20 g Fett

Zutaten für 4 Portionen

- 500 g Kartoffeln
- Salz
- 750 g Rote Bete
- ca. 700 ml Bio-Gemüsebrühe ohne Hefe und Geschmacksverstärker
- 1 EL Zitronensaft
- Pfeffer
- 175 ml Mandelsahne (siehe Seite 33)

Zubereitung

1 Kartoffeln schälen, vierteln und in einem Topf mit Salzwasser garkochen. Danach abgießen und im Topf aufbewahren.

2 Rote Bete in der Schale in einem zweiten Topf in Salzwasser bissfest kochen. Das dauert je nach Größe zwischen 30 bis 45 Minuten. Kalt abschrecken und unter fließendem Wasser die Haut von der Knolle schieben und in grobe Stücke zerteilen.

3 Rote Bete zu den Kartoffeln in den Topf geben und mit der Hälfte der Brühe auffüllen. Mit einem Pürierstab zu einer sämigen Suppe pürieren. Sollte die Suppe zu dick sein, schussweise mit Brühe auffüllen.

4 Mit Salz, Pfeffer und Zitronensaft abschmecken. In Schälchen füllen und mit der Mandelsahne beträufeln.

Gazpacho

Zubereitungszeit: 30 Minuten

Dieses Rezept enthält:

805 kcal (3369 kJ)	18 g Eiweiß
49 g Kohlenhydrate	57 g Fett

1 Portion enthält:

80 kcal (337 kJ)	2 g Eiweiß
5 g Kohlenhydrate	6 g Fett

Zutaten für 8–10 Portionen im kleinen Weck-Gläschen

- 1 Salatgurke
- 150 g gelbe Paprikaschoten
- 1 kleine Zwiebel
- 3 Knoblauchzehen
- 550 ml passierte Tomaten (siehe Seite 36)
- 4 EL Bio-Olivenöl, extra vergine
- 2 EL naturtrüber Apfelessig
- Salz
- Pfeffer
- Petersilie nach Belieben

Zubereitung

1 Gurke waschen und in grobe Stücke schneiden. Paprika waschen, halbieren, Kerngehäuse entfernen und in grobe Stücke schneiden. Einen kleinen Teil von Gurke und Paprika fein würfeln und als Deko für später beiseite legen. Zwiebeln und Knoblauch abziehen und würfeln.

2 Alles mit den anderen Zutaten in den Standmixer geben und zu einer feinen Suppe pürieren. Wenn die Suppe zu dick ist, mit Wasser verdünnen. Mit Salz und Pfeffer abschmecken.

3 In Weck-Gläschen füllen und mit Gemüsewürfeln und kleinen Petersilienblättchen dekorieren. Bis zum Genuss kaltstellen.

Senfsuppe

Zubereitungszeit: 35 Minuten

Dieses Rezept enthält:

622 kcal (2603 kJ)	18 g Eiweiß
91 g Kohlenhydrate	19 g Fett

1 Portion enthält:

156 kcal (651 kJ)	5 g Eiweiß
23 g Kohlenhydrate	5 g Fett

Zutaten für 4 Portionen

- 370 g Kartoffeln
- 2 Zwiebeln
- 1 EL Bio-Olivenöl, extra vergine
- 1 l Bio-Gemüsebrühe ohne Hefe und Geschmacksverstärker
- Salz
- Pfeffer
- Muskatnuss, frisch gerieben
- 4 gestrichene EL Bio-Senf (mittelscharf)
- Saft 1 Zitrone
- 50 g frische Kressesprossen

Zubereitung

1 Kartoffeln schälen, Zwiebeln abziehen, beides würfeln. Olivenöl in einem Topf erhitzen, Zwiebeln darin glasig dünsten. Kartoffeln zugeben und 5 Minuten mitdünsten. Gemüsebrühe zugießen, aufkochen und bei mittlerer Hitze zugedeckt 15 bis 20 Minuten kochen.

2 Suppe pürieren, mit Salz, Pfeffer, mittelscharfem Senf, Muskatnuss und Zitronensaft würzen. Suppe in Schalen füllen und mit Kresse garnieren.

Scharfe Zwiebelsuppe

Zubereitungszeit: 30 Minuten

Dieses Rezept enthält:

435 kcal (1820 kJ)	17 g Eiweiß
50 g Kohlenhydrate	17 g Fett

1 Portion enthält:

218 kcal (910 kJ)	8 g Eiweiß
25 g Kohlenhydrate	9 g Fett

Zutaten für 4 Portionen

- 2 Gemüsezwiebeln
- 3 große rote Zwiebeln
- 1 rote Chilischote
- 1 Knoblauchzehe
- 1 Lauchstange
- 1 EL Bio-Olivenöl, extra vergine
- 1 gehäufter TL Currypulver „Madras Art" (siehe Seite 38)
- 1 ½ l Bio-Gemüsebrühe ohne Hefe und Geschmacksverstärker
- 1 Bund glatte Petersilie
- 4 Stiele Koriandergrün

Zubereitung

1 Zwiebeln abziehen, halbieren und in feine Streifen schneiden.

2 Chilischote waschen, längs halbieren, entkernen und in schmale Streifen schneiden. Knoblauch abziehen und durchpressen.

3 Lauch putzen, halbieren und in feine Ringe schneiden.

4 In einem großen Topf Olivenöl erhitzen, Zwiebeln, Knoblauch, Lauch, Chili und Currypulver 5 Minuten andünsten. Gemüsebrühe angießen und bei mittlerer Hitze 15 Minuten köcheln.

5 Petersilie und Koriander inklusive Stängel fein hacken. Einige Blättchen als Topping beiseitelegen. Kurz vor dem Servieren unter die Suppe rühren. In Schalen füllen, mit Petersilie und Koriander bestreuen und sofort servieren.

HAUPTGERICHTE

Champignons mit Oregano

Zubereitungszeit: 30 Minuten

Dieses Rezept enthält:	
344 kcal (1437 kJ)	14 g Eiweiß
5 g Kohlenhydrate	29 g Fett
1 Portion enthält:	
172 kcal (718 kJ)	7 g Eiweiß
2 g Kohlenhydrate	14 g Fett

Zutaten für 2 Portionen
48 kleine braune Champignons (ca. 500 g)
6–8 Zweige frischer Oregano
2 EL Bio-Olivenöl, extra vergine
Salz
Pfeffer
2 Spritzer frischer Zitronensaft

Zubereitung

1 Champignons mit einem feuchten Tuch abreiben, größere Pilze eventuell halbieren oder vierteln.

2 Olivenöl in einer Pfanne erhitzen. Champignons anbraten, kräftig mit Pfeffer und Salz würzen. Champignons ständig in Bewegung halten und ca. 10 Minuten bei mittlerer Hitze braten.

3 Oregano-Blättchen vom Stiel zupfen (einige zum Dekorieren zu Seite legen) und über die Champignons in die Pfanne streuen.

4 Mit einem Spritzer Zitronensaft abschmecken. In Schälchen anrichten und mit dem restlichem Oregano bestreuen.

Hamli (Geschmorter Spinat aus Eritrea)

Zubereitungszeit: 20 Minuten

Dieses Rezept enthält:	
417 kcal (1744 kJ)	8 g Eiweiß
26 g Kohlenhydrate	30 g Fett
1 Portion enthält:	
208 kcal (872 kJ)	4 g Eiweiß
13 g Kohlenhydrate	15 g Fett

Zutaten für 2 Portionen

- 2 große Zwiebeln
- 2 EL Bio-Olivenöl, extra vergine
- 1000 g frischer Blattspinat
- Salz
- Pfeffer

Zubereitung

Die Zwiebeln abziehen, hacken und in Öl glasig dünsten. Spinat waschen, grob hacken, in die Pfanne geben und zerfallen lassen. Wenn er richtig zusammengefallen und weich ist, mit Salz und Pfeffer würzen.

TIPP

Man kann den Spinat stückig lassen oder pürieren, das sei jedem selbst überlassen. Wenn man keinen frischen Spinat bekommt, einfach Tiefkühlware nehmen.

Calçotada

Zubereitungszeit: 40 Minuten

Dieses Rezept enthält:	
833 kcal (3486 kJ)	16 g Eiweiß
112 g Kohlenhydrate	33 g Fett
1 Portion enthält:	
208 kcal (871 kJ)	4 g Eiweiß
28 g Kohlenhydrate	8 g Fett

Zutaten für 4 Portionen

- 1 Paprikadip (siehe Seite 56)
- 2 EL Bio-Olivenöl, extra vergine
- 40 Frühlingszwiebeln (ca. 800 g)

Zubereitung

1 Paprikadip zubereiten.

2 Bei den Frühlingszwiebeln das ganz dunkle Grün und die Wurzelansätze abschneiden, jedoch die äußere Haut/Deckschicht dran lassen.

3 Frühlingszwiebeln in einer Grillpfanne in Olivenöl braten, bis die Haut sehr dunkel ist. Vor dem Essen die dunkle Haut abziehen und dann die Frühlingszwiebelstange in die Sauce tunken.

Portobello-Burger

Zubereitungszeit: 45 Minuten

Dieses Rezept enthält:

1757 kcal (7352 kJ)	34 g Eiweiß
160 g Kohlenhydrate	103 g Fett

1 Portion enthält:

439 kcal (1838 kJ)	9 g Eiweiß
40 g Kohlenhydrate	26 g Fett

Zutaten für 4 Burger

600 g Bio-Kartoffeln
3 Frühlingszwiebeln
2 Knoblauchzehen
8 EL mildes Bio-Kokosöl
Salz

Für den Burger

2 große Tomaten
½ Kopf Eisbergsalat
1 große, rote Zwiebel
8 große Portobello-Pilze (ca. 500 g)
100 ml selbst gemachten Ketchup (siehe Seite 37)
2 EL mildes Bio-Kokosöl
Salz

TIPP

Je weniger Fett man beim Braten nimmt, desto kalorienärmer wird der Burger natürlich.

Zubereitung

1 Kartoffeln mit Schale grob reiben. Frühlingszwiebeln in feine Ringe schneiden. Knoblauchzehen abziehen und fein hacken. Frühlingszwiebeln und Knoblauch zu den Kartoffeln geben und nach Geschmack salzen. Portionsweise das Öl in der Pfanne erhitzen, aus dem Kartoffelteig 8 Kartoffelpuffer braten und diese abkühlen lassen.

2 Tomaten waschen, Stielansatz entfernen und in Scheiben schneiden. Eisbergsalat in Blätter zerteilen, waschen und trocken schleudern. Zwiebel abziehen und in dünnen Scheiben schneiden. Ketchup nach Anweisung zubereiten.

3 Portobello-Pilze säubern und den Stiel herausdrehen. Stiel aufheben und für ein anderes Gericht verwenden. Öl in der Pfanne erhitzen und die Pilze von beiden Seiten je 1 bis 2 Minuten al dente braten. Der Pilzhut wird dabei flach.

4 Burger zusammensetzen: Einen Pilz mit der Lamellenseite nach oben auf den Teller legen. Mit Ketchup bestreichen. Salatblatt darauflegen, mit einem Kartoffelpuffer belegen, mit Tomaten und Zwiebeln toppen. Mit einem zweiten Kartoffelpuffer belegen, mit Ketchup bestreichen und final mit Salat und dem zweiten Portobello-Pilz belegen.

Kartoffelsalat mit Schmorgurken

Zubereitungszeit: 45 Minuten

Dieses Rezept enthält:

2684 kcal (11230 kJ)	44 g Eiweiß
318 g Kohlenhydrate	129 g Fett

1 Portion enthält:

671 kcal (2808 kJ)	11 g Eiweiß
80 g Kohlenhydrate	32 g Fett

Zutaten für 4 Portionen

- 1,6 kg mehlig kochende Kartoffeln
- 1 kg kleine Einlegegurken
- 2 große rote Zwiebeln
- 4 Frühlingszwiebeln
- 1–2 EL Bio-Olivenöl, extra vergine
- 100 ml Bio-Gemüsebrühe ohne Hefe und Geschmacksverstärker
- Senfvinaigrette von Seite 50
- Salz
- Pfeffer

Zubereitung

1 Kartoffeln schälen und je nach Größe in ca. 20 Minuten in Salzwasser gar kochen. Danach abgießen und abkühlen lassen. Kartoffeln in 1 cm dicke Scheiben schneiden und in eine große Schüssel füllen.

2 Gurken waschen, stachelige Haut mit einem Sparschäler entfernen, halbieren und mit einem Löffel das wässrige Kerngehäuse herausschaben (eignet sich besonders gut für Smoothies). Halbierte Gurken in 1 cm dicke Scheiben schneiden.

3 Zwiebeln abziehen und in kleine Würfel schneiden. Frühlingszwiebeln in feine Ringe schneiden und zur Seite stellen. In einer Pfanne Öl erhitzen und Gurken sowie Zwiebeln unter Rühren anschwitzen. Das Gemüse sollte keine Farbe annehmen. Mit der Brühe auffüllen, Hitze reduzieren und langsam ohne Deckel ca. 15 Minuten schmoren lassen, bis die Gurken weich sind, aber immer noch Biss haben.

4 Warme Senfvinaigrette herstellen.

5 Schmorgurken inklusive Brühe zu den Kartoffeln in die Schüssel geben. Gurken und Kartoffeln mit dem Dressing übergießen, mit Salz und Pfeffer abschmecken und mischen. Mit Frühlingszwiebelringen bestreuen. Den Salat am besten lauwarm genießen.

Cremig gefüllte Champignonköpfe

Zubereitungszeit: 40 Minuten

Dieses Rezept enthält:

380 kcal (1589 kJ)	20 g Eiweiß
46 g Kohlenhydrate	11 g Fett

1 Portion enthält:

190 kcal (795 kJ)	10 g Eiweiß
23 g Kohlenhydrate	6 g Fett

Zutaten für 2 Portionen

- 6 Riesenchampignons
- 2 große Zwiebeln
- 2 Knoblauchzehen
- 5 Frühlingszwiebeln
- 2 TL Mandelmus
- Salz
- Pfeffer
- Chilipulver nach Belieben

Zubereitung

1 Die Champignons mit einem feuchten Tuch reinigen oder häuten. Stiele aus den Champignons drehen, trockenes Ende abschneiden und entsorgen.

2 Die Zwiebeln und den Knoblauch schälen, Frühlingszwiebeln putzen, den Knoblauch und die Champignonstiele fein hacken. In einer Schüssel alles mit Mandelmus, Salz, Pfeffer und Chilipulver mischen und abschmecken.

3 Die Masse in die Champignons füllen und entweder auf dem Grill garen oder im Ofen bei 180 °C Umluft 15 bis 20 Minuten überbacken, bis die Masse anfängt, leicht zu bräunen.

Kartoffel-Blumenkohl-Curry

Zubereitungszeit: 45 Minuten

Dieses Rezept enthält:

812 kcal (3399 kJ)	29 g Eiweiß
109 g Kohlenhydrate	27 g Fett

1 Portion enthält:

203 kcal (850 kJ)	7 g Eiweiß
27 g Kohlenhydrate	7 g Fett

Zutaten für 4 Portionen

- 1 mittelgroßer Blumenkohl
- 350 g festkochende Kartoffeln
- 2 Zwiebeln
- 1 daumengroßes Stück Ingwer
- 2 Tomaten
- 2 frische Chilischoten
- 2 EL Bio-Kokosöl
- 2 TL Panch Phoron (ersatzweise Garam Masala)
- 1 ½ TL Kurkumapulver
- 1 ½ TL Kreuzkümmelpulver
- 2 TL edelsüßes Paprikapulver
- Salz
- 350 ml Wasser
- 1 TL Garam Masala (siehe Seite 39)

Zubereitung

1 Blumenkohl waschen und in kleine Röschen teilen. Kartoffeln schälen und in ca. 3 cm große Würfel schneiden. Zwiebeln abziehen und klein hacken. Ingwer schälen und auf einer Reibe zu einem Püree reiben. Tomaten achteln. Chilischoten in feine Ringe schneiden. Wer möchte, kann vorher die Samen und die Scheidewände entfernen, dann ist die Schärfe nicht so intensiv.

2 Öl in einem Topf erhitzen. Panch Phoron und Zwiebeln hinzufügen und unter ständigem Rühren anbraten. Kartoffeln, Blumenkohl und Chili hinzufügen und weitere 3 Minuten mitbraten.

3 Kurkuma, Kreuzkümmel- und Paprikapulver sowie den geriebenen Ingwer hineingeben und weitere 3 bis 4 Minuten braten. Tomaten und Wasser ergänzen, Temperatur reduzieren und bei mittlerer Hitze 20 Minuten kochen lassen, bis die Kartoffeln weich sind.

4 Mit Garam Masala bestreuen und sofort servieren.

TIPP

Panch Phoron ist eine indische 5-Gewürze-Mischung, die es fertig in jedem Asia-Laden gibt. Es ist möglich, anstelle von Panch Phoron das Gewürz Garam Masala zu verwenden.

Scharfe Kartoffelwürfel

Zubereitungszeit: 45 Minuten

Dieses Rezept enthält:	
1548 kcal (6478 kJ)	30 g Eiweiß
249 g Kohlenhydrate	44 g Fett

1 Portion enthält:	
516 kcal (2159 kJ)	10 g Eiweiß
83 g Kohlenhydrate	15 g Fett

Zutaten für 3 Portionen

- 4 EL Bio-Kokosöl
- 1400 g festkochende Kartoffeln
- 2 rote Chilischoten
- 2 daumendicke Stücke Ingwer
- 3 TL Kurkumapulver
- 3 TL edelsüßes Paprikapulver
- Salz
- 0,7 ml–1 Liter Wasser

Zubereitung

1 Kartoffeln schälen und in kleine Würfel schneiden. Chilischoten klein hacken. Wer möchte kann vorher die Samen und die Scheidewände entfernen, dann ist die Schärfe nicht so intensiv. Ingwer schälen und reiben. Öl in einem Topf erhitzen, Kartoffeln hinzufügen und 5 Minuten unter ständigem Rühren anbraten.

2 Chilischoten, Ingwer, Kurkumapulver und Paprikapulver dazugeben und unter ständigem Rühren weitere 3 Minuten braten.

3 0,7 bis 1 Liter Wasser angießen, reichlich salzen, umrühren und bei mittlerer Hitze ca. 15 Minuten lang kochen (bis die Kartoffeln weich sind). Gelegentlich umrühren, damit nichts anbrennt.

TIPP

Achten Sie beim Braten besonders auf die Gewürze: Sie brennen schnell am Topfboden an. Sie sollten eine dunkle Farbe annehmen, aber nicht verbrennen.
Nach dem Hacken von ganzen Chilischoten: Gründlich die Hände waschen und nicht in die Augen greifen!

Grüne Spargelspitzen mit Tomaten

Zubereitungszeit: 30 Minuten

Dieses Rezept enthält:

791 kcal (3311 kJ)	42 g Eiweiß
80 g Kohlenhydrate	31 g Fett

1 Portion enthält:

396 kcal (1656 kJ)	21 g Eiweiß
40 g Kohlenhydrate	16 g Fett

Zutaten für 2 Personen

- 1,5 kg dünner grüner Spargel
- 2 Zwiebeln
- 6 große Tomaten
- 3 Frühlingszwiebeln
- 2 EL Bio-Olivenöl, extra vergine
- 3 Knoblauchzehen
- Salz
- Pfeffer

Zubereitung

1 Vom Spargel die holzigen Enden abbrechen, den Rest waschen und in mundgerechte Stücke schneiden. Zwiebeln abziehen und in kleine Würfel schneiden. Tomaten in kleine Stücke schneiden.

2 Die Frühlingszwiebeln in feine Scheiben schneiden und beiseitestellen.

3 In einer Pfanne das Öl erhitzen und den Spargel bei mittlerer Hitze ca. 5 Minuten braten. Zwiebelwürfel dazugeben und weitere 5 Minuten braten. (Der Spargel sollte beim Servieren noch Biss haben.)

4 Knoblauch abziehen und kurz vor dem Garende zum Spargel pressen. Auf keinen Fall früher, sonst verbrennt er und wird bitter. Tomatenwürfel dazugeben, mit Salz und Pfeffer kräftig abschmecken und kurz miterhitzen. Vor dem Servieren die Frühlingszwiebeln über den Spargel streuen. Sofort genießen.

Warmer Tomatensalat im Paprikaboot

Zubereitungszeit: 40 Minuten

Dieses Rezept enthält:

490 kcal (2050 kJ)	20 g Eiweiß
87 g Kohlenhydrate	5 g Fett

1 Portion enthält:

245 kcal (1025 kJ)	10 g Eiweiß
44 g Kohlenhydrate	3 g Fett

Zutaten für 2 Portionen

- 850 g Cocktailtomaten
- 1 Chilischote
- 3 Knoblauchzehen
- 4 Frühlingszwiebeln
- 1 Handvoll Basilikumblätter
- 2 EL naturtrüber Bio-Apfelessig
- Salz
- Pfeffer
- 4 rote Paprika

Zubereitung

1 Ofen auf 180 °C Umluft vorheizen.

2 Cocktailtomaten waschen und in Viertel schneiden. Chilischote waschen, halbieren und je nach Schärfegrad die Scheidewände und Samen entfernen. Danach in feine Streifen schneiden. Knoblauch abziehen und durch die Presse drücken. Die Frühlingszwiebeln in feine Ringe schneiden. Die Basilikumblätter fein hacken. Alles zusammen in eine Schüssel geben, den Essig hinzufügen und mit Salz und Pfeffer würzen.

3 Paprika waschen, halbieren, Samen und Scheidewände entfernen.

4 Von innen leicht salzen. Mit der Öffnung nach oben auf ein mit Backpapier ausgelegtes Backblech setzen. Die Cocktailtomatenmasse einfüllen und im Ofen ca. 20 Minuten backen, bis die Paprikaboote weich sind.

Kartoffelpuffer

Zubereitungszeit: 45 Minuten

Dieses Rezept enthält:

1260 kcal (5271 kJ)	17 g Eiweiß
123 g Kohlenhydrate	74 g Fett

1 Portion enthält:

315 kcal (1318 kJ)	4 g Eiweiß
31 g Kohlenhydrate	19 g Fett

Zutaten für 16–20 Stück

- 8 große Bio-Kartoffeln
- 1 Zwiebel
- 1 Knoblauchzehe
- 3 EL Flohsamenschalen
- Salz
- Pfeffer
- 8 EL Bio-Sonnenblumenöl, kalt gepresst

Zubereitung

1 Kartoffeln gründlich waschen und mit der Schale fein reiben. Zwiebel und Knoblauch abziehen. Zwiebel halbieren und in feine Streifen schneiden, den Knoblauch fein hacken. Kartoffeln, Zwiebeln, Knoblauch und Flohsamenschalen in einer großen Schüssel miteinander vermischen und kräftig mit Salz und Pfeffer abschmecken.

2 Je 1 bis 2 EL Sonnenblumenöl in einer Pfanne erhitzen, je nach Pfannengröße 4-mal je 1 bis 2 EL Kartoffelmasse in die Pfanne geben und goldgelb, knusprig ausbacken. Auf einem Teller mit Küchenkrepp „abtropfen“ lassen.

TIPP

Dazu am besten Apfelmus servieren (siehe Seite 48).

Brokkoli mit Mandeln

Zubereitungszeit: 20 Minuten

Dieses Rezept enthält:

1301 kcal (5445 kJ)	31 g Eiweiß
17 g Kohlenhydrate	119 g Fett

1 Portion enthält:

651 kcal (2723 kJ)	16 g Eiweiß
8 g Kohlenhydrate	60 g Fett

Zutaten für 2 Portionen

- 1 Brokkoli
- Salz
- 6 EL Mandelblättchen
- 1 milde Chilischote
- 2 Knoblauchzehen
- 6 EL Bio-Olivenöl, extra vergine
- etwas Zitronensaft
- Pfeffer

Zubereitung

1 Brokkoli in kleine Röschen teilen. In Salzwasser 4 Minuten blanchieren. In eiskaltem Wasser abschrecken. Beiseite stellen.

2 In einer Pfanne ohne Fett die Mandeln unter ständigem Rühren anrösten, bis sie eine goldbraune Farbe annehmen. In der Zwischenzeit die Chili und den Knoblauch sehr fein hacken.

3 Chili, Knoblauch und Olivenöl zu den Nüssen in der Pfanne geben. Kurz durchschwenken.

4 Brokkoli hinzufügen, mit einem Spritzer Zitronensaft, Salz und Pfeffer abschmecken, noch einmal gut mischen und in einer Schüssel anrichten.

Gegrillte Paprika in Knoblauchöl

Zubereitungszeit: 30 Minuten

Dieses Rezept enthält:

1178 kcal (4928 kJ)	15 g Eiweiß
73 g Kohlenhydrate	88 g Fett

1 Portion enthält:

196 kcal (821 kJ)	3 g Eiweiß
12 g Kohlenhydrate	15 g Fett

Zutaten für 6 Portionen

- 100 ml Bio-Olivenöl, extra vergine
- 5–6 Knoblauchzehen
- 6 rote Paprika
- Salz

TIPP

Sollte Knoblauchöl übrigbleiben, bitte nicht weggießen, denn es lässt sich in einer Flasche oder einem Glas mit Schraubdeckel viele Tage aufbewahren.
Wer die Paprika scharf möchte, kann sie nach dem Grillen noch mit kleingehackten Chilis bestreuen.
Die Paprika schmeckt hervorragend zu allem Kurzgebratenem, Salaten und püriert als Dip!
Sollten Paprikafilets übrigbleiben, in ein Glas mit Schraubverschluss legen, mit Olivenöl übergießen und fest verschließen. Wichtig ist, dass das Olivenöl die Paprika komplett bedeckt. Es schützt somit vor eindringenden Bakterien und dem daraus resultierenden Schimmel.

Zubereitung

Knoblauchöl: Das Öl in eine Schüssel füllen und den Knoblauch hineinpressen.
Variante 1: Paprika waschen, halbieren, Samen und Scheidewände entfernen. Auf einen sehr heißen Grill legen und regelmäßig wenden, bis sie weich werden. Dabei ab und zu mit wenig Knoblauchöl einpinseln. (Nicht zu viel Öl nehmen, denn Öl, das heruntertropft, kann sich in den Flammen sofort entzünden.) Wenn die Paprika weich ist, vom Grill nehmen, auf einen Teller legen, noch einmal mit Öl bestreichen und nach Geschmack salzen.
Variante 2: Die Paprika so lange auf dem Grill rösten, bis die Haut pechschwarz geworden ist. Dann sofort in eine Dose mit Deckel geben, verschießen und beiseitestellen. 5 bis 10 Minuten warten. In dieser Zeit dampfen die Paprika in der Dose aus und die Haut beginnt sich durch den austretenden Wasserdampf zu lösen. Nun die Paprika aus der Dose nehmen und einfach die Haut abziehen. Zurück bleibt das pure, dunkelrote Filet. Auf eine Servierplatte legen, mit Knoblauchöl beträufeln und nach Geschmack salzen.

Mangold-Zuckerschoten-Gemüse

Zubereitungszeit: 45 Minuten

Dieses Rezept enthält:

2028 kcal (8485 kJ)	92 g Eiweiß
88 g Kohlenhydrate	139 g Fett

1 Portion enthält:

676 kcal (2828 kJ)	31 g Eiweiß
30 g Kohlenhydrate	46 g Fett

Zutaten für 3 Portionen

- 2 Mangoldstauden (ca. 600 g je Staude)
- 200 g Zuckerschoten
- 1 Zwiebel
- 2 Knoblauchzehen
- 3 Frühlingszwiebeln
- 1 EL Bio-Kokosöl
- Salz
- Pfeffer
- Chiliflocken
- 100–300 ml Mandelsahne (siehe Seite 33)

Zubereitung

1 Mangold waschen. Die Stiele von den grünen Blättern abschneiden und in kleine Rauten schneiden. Beiseitelegen. Dann die Mangoldblätter klein hacken. Die Zuckerschoten waschen, abfädeln und in Rauten schneiden. Die Zwiebel und den Knoblauch abziehen und in sehr feine Würfel schneiden. Die Frühlingszwiebeln in Ringe schneiden und für später zur Seite stellen.

2 Kokosöl in eine Pfanne geben und die Mangoldstiele, die Zwiebel und den Knoblauch für 5 Minuten sanft anbraten. (Sie sollten keine Farbe annehmen.) Die Mangoldblätter sowie die Zuckerschoten hinzufügen und weitere 5 Minuten braten. Mit Salz, Pfeffer und Chiliflocken würzen.

3 Mit der Mandelsahne ablöschen. 5 Minuten sanft köcheln lassen, bis die Sauce ein wenig reduziert ist. Zum Schluss mit den Frühlingszwiebelringen bestreuen und anrichten.

Zucchini-Kartoffel-Puffer

Zubereitungszeit: 45 Minuten

Dieses Rezept enthält:

1716 kcal (7180 kJ)	37 g Eiweiß
206 g Kohlenhydrate	79 g Fett

1 Portion enthält:

429 kcal (1795 kJ)	9 g Eiweiß
51 g Kohlenhydrate	19 g Fett

Zutaten für 4 Portionen

- 600 g Zucchini
- 1 kg mehlig kochende Kartoffeln
- 2 Zwiebeln
- 3 EL Flohsamenschalen
- Salz
- Pfeffer
- 8 EL Bio-Sonnenblumenöl, kalt gepresst

Zubereitung

1 Zucchini grob reiben, in ein sauberes Baumwollküchentuch füllen und durch kräftiges Drücken das Wasser herauspressen. Die Masse in eine Schüssel geben. Kartoffeln gut waschen. Zwiebeln abziehen. Kartoffeln und Zwiebel ebenfalls grob reiben und zu den Zucchini geben. Flohsamenschalen hinzufügen und alles gut vermischen. Masse kräftig mit Salz und Pfeffer abschmecken.

2 1 bis 2 EL Sonnenblumenöl in einer beschichteten Pfanne erhitzen und je nach Pfannengröße ca. 4 Fladen in die Pfanne setzen. Auf jeder Seite bei mittlerer Temperatur goldbraun ausbacken. Auf einem Küchenkrepp abtropfen lassen. Dazu schmeckt Apfelmus (siehe Seite 48).

TIPP

Warum Flohsamenschalen? Hält das Gericht nicht auch ohne? Doch, es wird halten. Aber Flohsamenschalten bestehen fast nur aus Ballaststoffen. Sie speichern Wasser und helfen bei der Verdauung.
Für den kleinen Schärfekick: Eine kleine Chilischote klein schneiden und mit dazugeben.

Bruschetta auf Süßkartoffel-Toastie

Zubereitungszeit: 30 Minuten

Dieses Rezept enthält:

675 kcal (2826 kJ)	11 g Eiweiß
115 g Kohlenhydrate	17 g Fett

1 Portion enthält:

338 kcal (1413 kJ)	6 g Eiweiß
58 g Kohlenhydrate	8 g Fett

Zutaten für 2 Portionen

- 4 große Tomaten
- 2 Frühlingszwiebeln
- 2 Knoblauchzehen
- Salz
- Pfeffer
- 1 EL Bio-Olivenöl, extra vergine
- 1 große Süßkartoffel (ca. 400 g)
- 1 kleine Handvoll Basilikumblätter

Zubereitung

1 Die Tomaten sowie die Frühlingszwiebeln waschen und putzen. Die Tomaten in möglichst kleine Würfel und die Frühlingszwiebeln in feine Ringe schneiden. Beides in eine Schüssel füllen. Die Knoblauchzehen durch eine Presse dazu drücken. Alles mit Salz, Pfeffer und dem Olivenöl würzen, mischen und zur Seite stellen.

2 Die Süßkartoffel schälen und in 1 cm dicke Scheiben schneiden. Scheiben in den Toaster stecken und nach und nach rösten, bis sie al dente sind. Also weich genug, damit sie im Toaster nicht umknicken aber dennoch eine weichere Struktur annehmen. Bei mir hat das für 2 große Scheiben 8 bis 10 Minuten gedauert. Nach dem Toasten kurz abkühlen lassen.

3 Süßkartoffelscheiben auf zwei Teller verteilen und die Tomatenmischung darauf verteilen. Mit einem Basilikumblättchen garnieren und sofort genießen.

Saubohnen-Erbsen-Mash auf gebratener Süßkartoffel

Zubereitungszeit: 20 Minuten

Dieses Rezept enthält:

1851 kcal (7744 kJ)	107 g Eiweiß
275 g Kohlenhydrate	31 g Fett

1 Portion enthält:

926 kcal (3872 kJ)	54 g Eiweiß
138 g Kohlenhydrate	15 g Fett

Zutaten für 2 Portionen

- 300 g frische Saubohnen/dicke Bohnen (oder Tiefkühlware)
- 200 g frische Erbsen (oder Tiefkühlware)
- Salz
- Pfeffer
- 1 Süßkartoffel (ca. 400 g)
- 1 rote Zwiebel
- 2 Knoblauchzehen
- 2 EL mildes Bio-Kokosöl

Zubereitung

1 Erbsen und Saubohnen in Salzwasser bissfest kochen. Danach abgießen und mit einem Kartoffelstampfer grob zerstampfen. Mit Salz und Pfeffer abschmecken.

2 Süßkartoffel schälen und in 1 cm dicke Scheiben schneiden. Zwiebel abziehen, halbieren und in dünne Scheiben schneiden. Knoblauch abziehen und in feine Würfel hacken.

3 Öl in der Pfanne erhitzen, die Süßkartoffelscheiben bei mittlerer Hitze von beiden Seiten 2 bis 3 Minuten braten, bis sie eine leichte Bräune annehmen. Aus der Pfanne nehmen, leicht salzen und auf zwei Tellern anrichten.

4 Die Zwiebeln und den Knoblauch in der Pfanne mit dem verbliebenen Öl weich dünsten. Salzen und pfeffern. Das Saubohnen-Erbsen-Mash auf den Süßkartoffeln anrichten und mit den Knoblauchzwiebeln toppen.

Fruchtig-süßer Rotkohl

Zubereitungszeit: 50–60 Minuten

Dieses Rezept enthält:

765 kcal (3200 kJ)	24 g Eiweiß
121 g Kohlenhydrate	18 g Fett

1 Portion enthält:

191 kcal (800 kJ)	6 g Eiweiß
30 g Kohlenhydrate	5 g Fett

Zutaten für 4 Portionen

- 2 Zwiebeln
- 1 Apfel
- 1 Banane
- 1 mittelgroßer Rotkohl (ca. 1 kg)
- 1 EL Bio-Olivenöl, extra vergine
- 2 Lorbeerblätter
- 3 EL naturtrüber Apfelessig
- 250 ml frisch gepresster Orangensaft
- Salz
- Pfeffer

Zubereitung

1 Die Zwiebeln abziehen, halbieren und in dünne Scheiben schneiden. Den Apfel waschen, nicht schälen, vierteln, entkernen und in Würfel schneiden. Die Banane schälen, vierteln und in Scheiben schneiden. Die äußeren Blätter vom Rotkohl entfernen, den Kopf vierteln, den Strunk wegschneiden und in dünne Scheiben schneiden oder hobeln.

2 Öl in einem hohen Topf erhitzen, Zwiebeln und Apfel dazugeben und auf kleiner Flamme andünsten. Rotkohl, Bananen, Lorbeerblätter, Apfelessig, Orangensaft hinzugeben und alles kräftig mit Salz und Pfeffer abschmecken.

3 Rotkohl bei mittlerer Hitze 30 bis 40 Minuten weich dünsten. Ab und zu umrühren, damit der Rotkohl nicht am Topfboden anbrennt. Nach der Kochzeit die Lorbeerblätter entfernen.

TIPP

Die Banane ersetzt in diesem Gericht den Zucker, der in vielen anderen Rezepten dazu gegeben wird – wer braucht schon Zucker, wenn es süße Bananen gibt?

Gnocchitorte

Zubereitungszeit: 60 Minuten

Dieses Rezept enthält:

2521 kcal (10548 kJ)	72 g Eiweiß
383 g Kohlenhydrate	71 g Fett

1 Kuchenstück enthält:

210 kcal (879 kJ)	6 g Eiweiß
32 g Kohlenhydrate	6 g Fett

Zutaten für 12 Kuchenstücke

Für den Teig:

- 1,7 kg mehlig kochende Kartoffeln
- Salz
- 60 g Kartoffelmehl
- 4 EL Mandelmilch (siehe Seite 32)
- Muskatnuss

Für die Füllung:

- Pfeffer
- 120 g Zuckerschoten
- 250 g Mangold
- 200 g Brokkoli
- Chiliflocken nach Belieben
- 60–100 ml Mandelsahne (siehe Seite 33)
- 2 EL Bio-Olivenöl, extra vergine

Zubereitung

1 Kartoffeln schälen, in kleine Stücke schneiden, in Salzwasser kochen (15 bis 20 Minuten), abschütten und noch heiß durch die Presse in eine Schüssel drücken. Auf Handwärme abkühlen lassen.

2 Inzwischen von den Zuckerschoten den Stielansatz entfernen, abfädeln und in breite Streifen schneiden. Den Mangold gut waschen, Stiele in feine Scheiben schneiden und die Blätter grob hacken. Brokkoliröschen vom Stiel trennen, in mundgerechte Stücke teilen. Den Brokkolistängel schälen und in feine Scheiben schneiden. 1 EL Öl in einer Pfanne erhitzen und das Gemüse bissfest dünsten. Mit Salz, Pfeffer und Chiliflocken kräftig würzen. Die Mandelsahne angießen und in der Pfanne bei mittlerer Temperatur 2 bis 3 Minuten einreduzieren lassen.

3 Kartoffelmehl, Mandelmilch, Muskatnuss und Salz zur Kartoffelmasse geben und schnell zu einem weichen Teig verkneten.

4 Den Backofen auf 180 °C Umluft vorheizen. Eine Springform (26 cm) mit 1 EL Öl auspinseln und mit 2/3 des Teigs den Boden und die Seitenränder auskleiden. Das Gemüse einfüllen. Mit dem restlichen Kartoffelteig eine Art Deckplatte formen und auf das Gemüse legen.

5 Deckplatte und Ränder miteinander verschließen und 30 Minuten bei 180 °C Umluft backen. Der Kuchen schmeckt kalt und warm.

Gebackene Auberginenscheiben auf Rucola-Salat mit Granatapfelkernen

Zubereitungszeit: 30 Minuten

Dieses Rezept enthält:

948 kcal (3844 kJ)	12 g Eiweiß
39 g Kohlenhydrate	79 g Fett

1 Portion enthält:

474 kcal (1922 kJ)	6 g Eiweiß
20 g Kohlenhydrate	40 g Fett

Zutaten für 2 Portionen

- 2 Auberginen
- 4 EL mildes Bio-Kokosöl
- 2 EL Currypulver „Madras Art" (siehe Seite 38)
- Salz
- Pfeffer
- Kürbiskernöl-Orangensaft-Dressing (siehe Seite 51)
- 125 g Rucola
- ½ Granatapfel

Zubereitung

1 Ofen auf 180 °C Umluft vorheizen.

2 Aubergine waschen, Ende und Stielansatz entfernen, schräg in 1 cm dicke Scheiben schneiden und von beiden Seiten mit Kokosöl einpinseln, salzen und pfeffern. Danach das Currypulver über den Auberginenscheiben verteilen. Ein Backblech mit Backpapier auslegen, die Scheiben nebeneinander auflegen und 15 bis 20 Minuten backen, bis sie goldbraun sind.

3 Währenddessen das Dressing herstellen.

4 Rucola waschen, trocken schütteln, im Dressing wenden und auf Tellern verteilen.

5 Auberginenscheiben auf dem Rucola anrichten. Granatapfel achteln und vorsichtig die Kerne aus dem Inneren lösen. Kerne über die Auberginenscheiben streuen und servieren.

TIPP

Wer möchte kann auch noch gehackte Mandeln darüber streuen. Das ergibt einen aufregenden Crunch!

Kartoffelpüree-Sauerkraut-Bratlinge

Zubereitungszeit: 20 Minuten

Dieses Rezept enthält:

698 kcal (2921 kJ)	13 g Eiweiß
74 g Kohlenhydrate	37 g Fett

1 Portion enthält:

349 kcal (1461 kJ)	6 g Eiweiß
37 g Kohlenhydrate	19 g Fett

Zutaten für 2 Portionen

- 400 g Kartoffelpüree vom Vortag, kalt
- 200 g frisches Sauerkraut
- 1–3 EL mildes Bio-Kokosöl
- Salz
- 1 Prise Chiliflocken nach Belieben

Zubereitung

Kartoffelpüree mit dem frischen Sauerkraut mischen, mit Salz abschmecken und nach Belieben Chiliflocken untermischen. Bratlinge zu ca. 50 g formen und in einer Pfanne mit heißem Kokosöl von beiden Seiten kross braten. Das dauert nur ein paar Minuten pro Seite!

Marokkanisch gebackener Blumenkohl

Zubereitungszeit: 30 Minuten

Dieses Rezept enthält:

570 kcal (2388 kJ)	32 g Eiweiß
72 g Kohlenhydrate	16 g Fett

1 Portion enthält:

285 kcal (1194 kJ)	16 g Eiweiß
36 g Kohlenhydrate	8 g Fett

Zutaten für 2 Portionen

- 700–1000 g Blumenkohl
- ½ EL Kreuzkümmelsamen
- Saft von 2 Zitronen
- ½ EL Koriandersamen
- ½ TL Salz
- 1 EL Pimentkörner
- 1 TL Harissa-Paste (siehe Seite 41)
- 1 Knoblauchzehe
- 100 ml Wasser
- 20 g frischer Ingwer
- 8 getrocknete Aprikosen
- 8 getrocknete Tomaten

Zubereitung

1 Ofen auf 180 °C Umluft vorheizen und ein Backblech mit Backpapier auskleiden.

2 Blumenkohl in mundgerechte Röschen teilen.

3 Die Zutaten für die marokkanische Paste in einen Mixer geben und cremig pürieren. Blumenkohl in der Würzpaste wenden, auf das Backblech legen und ca. 20 Minuten backen.

Gemüse-Tajine

Zubereitungszeit: 50 Minuten

Dieses Rezept enthält:

1458 kcal (6101 kJ)	26 g Eiweiß
265 g Kohlenhydrate	29 g Fett

1 Portion enthält:

365 kcal (1525 kJ)	7 g Eiweiß
66 g Kohlenhydrate	7 g Fett

Zutaten für 4 Portionen

- 1 Zwiebel
- 2 Knoblauchzehen
- 1 Bund Frühlingszwiebeln
- 4 Karotten
- 800 g Süßkartoffeln
- ½ Stange Lauch
- 1–2 EL mildes Bio-Kokosöl
- 1 TL Kurkumapulver
- 1 TL Kreuzkümmelpulver
- 1 TL Zimtpulver
- ½ TL Salz
- 1 Msp Cayennepfeffer
- 150–200 ml Wasser

Zubereitung

1 Alle Zutaten für die Gewürzmischung in einer kleinen Schale miteinander vermischen. Die Zwiebel würfeln, den Knoblauch fein hacken. Die Frühlingszwiebeln putzen und in 5 cm lange Stücke schneiden. Die Karotten und die Süßkartoffeln schälen und in fingerdicke Stücke schneiden. Den Lauch der Länge nach aufschlitzen und unter fließendem Wasser innen und außen gut waschen. In 1 cm breite Ringe schneiden.

2 In einer Tajine die gehackte Zwiebel in 1 bis 2 EL Kokosöl glasig dünsten, nach 2 bis 3 Minuten auch den Knoblauch hinzugeben und mitanschwitzen. Die Karotten- und Süßkartoffelstücke sowie den Lauch und die Frühlingszwiebeln hinzugeben und kurz mitdünsten.

3 Die vorbereitete Gewürzmischung dazugeben, untermischen und mit Wasser ablöschen. Dann den Tajinedeckel aufsetzen, die Dampfsperre am oberen Ende mit 150 bis 200 ml kaltem Wasser füllen und alles bei kleiner Hitze ca. 30 Minuten garen.

TIPP

Eine Tajine ist ein rundes, aus Lehm gebranntes Schmorgefäß mit einem konisch zulaufenden Deckel, das in der nordafrikanischen Küche verbreitet ist.
Das Gemüse dämpft und schmort zugleich. Die Feuchtigkeit in der Tajine steigt nach oben und kondensiert an der kalten Dampfsperre, sodass sie dem Garprozess wieder zugeführt wird.
Man kann auch eine ganz normale Pfanne mit Deckel verwenden. Wichtig ist dann, dass man die Temperatur nach dem Anbraten reduziert und den Deckel nicht mehr öffnet.

Marinierte Zucchini

Zubereitungszeit: 30 Minuten

Dieses Rezept enthält:

1121 kcal (4691 kJ)	9 g Eiweiß
10 g Kohlenhydrate	112 g Fett

1 Portion enthält:

554 kcal (2320 kJ)	4 g Eiweiß
5 g Kohlenhydrate	56 g Fett

Zutaten für 2 Portionen

2 große Zucchini
4 EL Bio-Olivenöl, extra vergine
Salz
Pfeffer

Für das Dressing

2 kleine Bund Basilikum
4 EL frisch gepresster Zitronensaft
4 EL Bio-Olivenöl, extra vergine
Salz
Pfeffer

Zubereitung

1 Ofen auf 180 °C Umluft vorheizen. Backblech mit Backpapier auslegen.

2 Zucchini in 0,5 cm dicke Scheiben schneiden und auf dem Backblech verteilen. Salzen und großzügig mit Pfeffer würzen. Mit Olivenöl beträufeln und im Ofen ca. 10 Minuten backen.

3 Für das Dressing Basilikum inklusive Stängel fein hacken, mit Zitronensaft und Olivenöl vermischen. Zum Schluss mit Salz und Pfeffer abschmecken.

4 Zucchini auf einer Servierplatte anrichten und das Dressing darüber verteilen.

Kanarischer Kartoffelsalat

Zubereitungszeit: 40 Minuten

Dieses Rezept enthält:

2351 kcal (9836 kJ)	45 g Eiweiß
185 g Kohlenhydrate	151 g Fett

1 Portion enthält:

1175 kcal (4918 kJ)	23 g Eiweiß
92 g Kohlenhydrate	76 g Fett

Zutaten für 2 Portionen

- 1 kg kleine, festkochende Bio-Kartoffeln
- 2 Bio-Zitronen
- 2 Bund Petersilie
- 2 Knoblauchzehen
- 80 g ungeschälte Mandeln
- 8 EL Bio-Olivenöl, extra vergine
- Salz
- Pfeffer

Zubereitung

1 Die Kartoffeln waschen, nicht schälen und in Salzwasser ca. 20 Minuten garkochen.

2 Die Schale der Zitronen abreiben, danach halbieren und den Saft in eine Schüssel pressen.

3 Die Petersilie waschen, die Knoblauchzehen schälen und beides mit den Mandeln fein hacken und zum Zitronensaft geben. Das Olivenöl unterrühren, gut vermischen und mit Salz und Pfeffer abschmecken.

4 Die Kartoffeln abgießen, abschrecken und vierteln. In die Schüssel geben, mit der Soße mischen, nochmals abschmecken.

Marokkanische Karotten

Zubereitungszeit: 30 Minuten

Dieses Rezept enthält:

608 kcal (2545 kJ)	10 g Eiweiß
69 g Kohlenhydrate	31 g Fett

1 Portion enthält:

203 kcal (848 kJ)	3 g Eiweiß
23 g Kohlenhydrate	10 g Fett

Zutaten für 2 Portionen

- 500 g Karotten
- 2 EL Bio-Olivenöl, extra vergine
- Salz
- 100 ml Wasser
- 2 Knoblauchzehen
- 1 kleines Bund Petersilie
- 2 EL naturtrüber Apfelessig
- 10 g Paprikapulver
- ½ TL Kreuzkümmelpulver
- ½ TL Korianderpulver
- 2 TL Dattelsüße

Zubereitung

1 Die Karotten schälen und in dünne Scheiben schneiden. Öl in einem Topf bei mittlerer Hitze erhitzen. Die Karottenscheiben darin für 1 Minute kurz anrösten, salzen und danach sofort mit dem Wasser ablöschen und weich dünsten.

2 Inzwischen die Knoblauchzehen abziehen und durch eine Knoblauchpresse drücken. Petersilie waschen, trocken schütteln und grob hacken.

3 Wenn das Wasser verkocht ist, die Karotten mit Knoblauchpüree, Apfelessig, Paprikapulver, Kreuzkümmelpulver, gehackter Petersilie, Korianderpulver sowie Dattelsüße würzen. Vom Herd nehmen und 10 Minuten durchziehen lassen.

Knoblauchfenchel, Rosmarin-Kürbis und gebratene Birnen

Zubereitungszeit: 60 Minuten

Dieses Rezept enthält:

2099 kcal (8784 kJ)	20 g Eiweiß
108 g Kohlenhydrate	169 g Fett

1 Portion enthält:

1050 kcal (4392 kJ)	10 g Eiweiß
54 g Kohlenhydrate	85 g Fett

Zutaten für 2 Portionen

- 3 Knoblauchzehen
- 12 EL Bio-Olivenöl, extra vergine
- 2 große Fenchelknollen
- Salz
- Pfeffer
- ½ mittelgroßer Hokkaidokürbis
- 1 Zweig Rosmarin
- Muskatnuss nach Geschmack
- 2 große Birnen

Zubereitung

1 Ofen auf 180 °C Umluft vorheizen.

2 Die drei Knoblauchzehen abziehen und durch eine Knoblauchpresse in ein Glas mit Schraubverschluss oder Klick-Box pressen und mit 8 EL Olivenöl übergießen. Verschließen und zur Seite stellen.

3 Beim Fenchel den trockenen Stumpf abschneiden und die oberen Blattansätze einkürzen. Zartes Fenchelgrün für später aufbewahren. Längs in gleichmäßige Scheiben schneiden.

4 Ein Backblech mit Backpapier auslegen, Fenchelscheiben von beiden Seiten mit Knoblauchöl bepinseln, von beiden Seiten salzen und pfeffern und nebeneinander auf das Blech legen. Im vorgeheizten Ofen 30 bis 40 Minuten backen. Der Fenchel ist fertig, wenn er sich beim Hineinstechen weich anfühlt und die Oberfläche leicht gebräunt ist.

5 Hokkaidokürbis waschen und halbieren. Eine Hälfte im Kühlschrank für ein anderes Gericht aufheben. Die andere Hälfte entkernen und in 1 bis 2 cm breite Spalten schneiden. Die Nadeln vom Rosmarin abzupfen und fein hacken. Die Kürbisspalten mit 3 EL Olivenöl, Salz, Rosmarin und einer großen Prise Muskatnuss einreiben. Auf ein mit Backpapier ausgelegtes Blech legen und zum Fenchel schieben. Nach ca. 20 Minuten ist der Kürbis gar, also weich. Auch hier den Gartest durch Hineinstechen machen.

6 Die Birnen waschen, vierteln, das Kerngehäuse und den Stielansatz entfernen. In einer heißen Pfanne mit 1 EL Olivenöl von jeder Seite ca. 2 Minuten leicht anbraten. Mit gehacktem Fenchelgrün bestreuen.

7 Fenchel, Kürbis und Birnen auf einem Teller anrichten, mit Fenchelgrün garnieren und sofort servieren.

Kartoffel-Brokkoli-Auberginen-Auflauf

Zubereitungszeit: 45 Minuten

Dieses Rezept enthält:

2618 kcal (10954 kJ)	94 g Eiweiß
139 g Kohlenhydrate	179 g Fett

1 Portion enthält:

873 kcal (3651 kJ)	31 g Eiweiß
46 g Kohlenhydrate	60 g Fett

Zutaten für 3 Portionen

- 8 große gekochte Pellkartoffeln vom Vortag
- 1 mittelgroßer Brokkoli
- 2 Auberginen
- Salz
- 2 EL mildes Bio-Kokosöl
- 1 EL Currypulver „Madras Art" (siehe Seite 33)
- 350 ml Mandelsahne (siehe Seite 80)
- Pfeffer

TIPP

Wer es schärfer und pikant haben möchte, schneidet noch eine Chilischote klein und streut sie über den Brokkoli – oder auch 1 bis 2 gewürfelte Zwiebeln oder 1 bis 2 gehackte Knoblauchzehen – oder auch alle drei Zutaten zusammen.
Wer es noch etwas knoblauchlastiger haben möchte, drückt 1 bis 2 Knoblauchzehen durch die Presse in die Mandelmilch.

Zubereitung

1 Den Ofen auf 200 °C Umluft vorheizen.

2 Die Kartoffeln pellen, in Scheiben schneiden und dachziegelartig in eine Auflaufform von ca. 20 x 30 cm legen.

3 Brokkoliröschen vom Stiel scheiden, blanchieren und in dünne Scheiben schneiden. Auf die Kartoffeln legen.

4 Die Aubergine in Scheiben schneiden, salzen und in 2 EL Kokosöl andünsten. Auf den Brokkoli legen und leicht mit Currypulver bestreuen.

5 Die Mandelsahne mit Salz und Pfeffer abschmecken und über das geschichtete Gemüse gießen.

6 Ca. 10 bis 20 Minuten backen. Der Auflauf ist fertig, wenn die Mandelsahne zwischen den Kartoffeln blubbert. Sollten die Auberginenscheiben zu dunkel werden, einfach mit Alufolie abdecken.

Kartoffeln mit Blattspinat

Zubereitungszeit: 45 Minuten

Dieses Rezept enthält:	
1794 kcal (7504 kJ)	56 g Eiweiß
148 g Kohlenhydrate	103 g Fett

1 Portion enthält:	
448 kcal (1876 kJ)	14 g Eiweiß
37 g Kohlenhydrate	26 g Fett

Zutaten für 4 Portionen

- 8 normalgroße Kartoffeln
- 2 große Zwiebeln
- 2 Knoblauchzehen
- 2 EL mildes Bio-Kokosöl
- 1 kg frischer Blattspinat
- 175 ml Mandelsahne (siehe Seite 33)
- Salz
- Pfeffer
- Muskatnuss

Zubereitung

1 Die Kartoffeln in Salzwasser ca. 20 Minuten weichkochen.

2 Inzwischen die Zwiebeln und den Knoblauch abziehen und in Würfel schneiden. Beides in einen Topf mit Kokosöl geben und glasig dünsten.

3 Währenddessen den Spinat waschen und abtropfen lassen. Portionsweise zu den Zwiebeln und dem Knoblauch in den Topf geben. Er zerfällt ganz schnell.

4 Danach die Mandelsahne angießen und mit Salz, Pfeffer und frisch geriebener Muskatnuss würzen. Ca. 5 Minuten bei geringer Hitze einreduzieren lassen.

5 Kartoffeln pellen, in ca. 1 cm dicke Scheiben schneiden und dachziegelartig auf vier Tellern anrichten. Spinat über den Kartoffeln verteilen und genießen.

Zucchinispaghetti mit Rucola-Petersilie-Mandel-Pesto

Zubereitungszeit: 30 Minuten

Dieses Rezept enthält:

1644 kcal (6880 kJ)	36 g Eiweiß
21 g Kohlenhydrate	152 g Fett

1 Portion enthält:

822 kcal (3440 kJ)	18 g Eiweiß
10 g Kohlenhydrate	76 g Fett

Zutaten für 2 Portionen

Rucola-Petersilie-Mandel-Pesto (siehe Seite 80)

2 große Zucchini

Zubereitung

1 Das Pesto nach Rezept herstellen.

2 Zucchini waschen, nicht schälen und mit einem Spiralschneiders in Spaghetti schneiden. Die Zucchinispaghetti kurz in kochendem Salzwasser blanchieren oder in der Pfanne andünsten. Auf einem Teller anrichten und mit dem Pesto übergießen.

Ofengemüse

Zubereitungszeit: 45 Minuten

Dieses Rezept enthält:

1976 kcal (8266 kJ)	34 g Eiweiß
253 g Kohlenhydrate	86 g Fett

1 Portion enthält:

659 kcal (2755 kJ)	11 g Eiweiß
84 g Kohlenhydrate	29 g Fett

Zutaten für 3 Portionen

- 10 große Bio-Kartoffeln (ca. 800 g)
- 8 große Karotten
- 3 rohe Rote Bete
- 6 EL Bio-Olivenöl, extra vergine
- Salz
- Pfeffer

Zubereitung

1 Den Backofen auf 180 °C Umluft vorheizen und ein Backblech mit Backpapier auslegen.

2 Die Kartoffeln waschen und mit Schale in 1 cm dicke Scheiben schneiden. Die Karotte und die Rote Bete schälen (Achtung färbt! Handschuhe und Schürze anziehen) und ebenfalls in 1 cm dicke Scheiben schneiden.

3 Alle Gemüsesorten in eine Schüssel geben, Olivenöl darüber gießen und mit den Händen mischen. Auf dem Backblech verteilen. Das Gemüse nach Geschmack salzen und pfeffern und für 20 bis 30 Minuten im Ofen backen, bis das Gemüse eine leichte braune Kruste hat.

TIPP

Das Gemüse ist beliebig austauschbar. Wichtig ist nur, dass es die gleiche Garzeit benötigt. Falls nicht, muss das Gemüse, welches am längsten dauert, zuerst in den Ofen. Die anderen Gemüsesorten müssen dann in absteigender Reihenfolge der Garpunkte nachgelegt werden. Ideal zum Garen im Ofen ist Wurzelgemüse, aber auch verschiedene Kohlarten wie Brokkoli oder Blumenkohl eignen sich hervorragend.
Als Gewürze kann man auch ein feuriges Currypulver, Räucherpaprika oder verschiedene Kräuter wie Thymian, Rosmarin oder Oregano verwenden.

Bratpaprika (Pimientos de Padrón)

Zubereitungszeit: 10 Minuten

Dieses Rezept enthält:

182 kcal (760 kJ)	3 g Eiweiß
8 g Kohlenhydrate	15 g Fett

TIPP

Zum Essen einfach die kleinen Schoten am Stiel nehmen und abbeißen – übrig bleibt der Stiel.

Zutaten für 1 Portion

- 200 g Bratpaprika (Pimientos de Padrón)
- 1 EL Bio-Olivenöl, extra vergine
- 2 Knoblauchzehen
- grobkörniges Meersalz

Zubereitung

1 Die Bratpaprika unter fließendem Wasser abbrausen und gut abtrocknen. Sie werden nicht geputzt, das heißt: Nicht aufschneiden, nicht das Kerngehäuse rausnehmen und nicht die Stiele entfernen!

2 Olivenöl in der Pfanne erhitzen und die Bratpaprika dazugeben. Achtung! Die Paprika sind teilweise noch nass und das Wasser im heißen Öl spritzt! Die Paprika nun so lange braten, bis ihre Haut dunkel wird und leichte Blasen wirft. Ab und zu wenden.

3 Den Knoblauch durch die Presse drücken und kurz vor dem Ende der Bratzeit dazugeben. Durchschwenken, anrichten und mit grobkörnigem Meersalz bestreuen.

Knoblauchtomaten

Zubereitungszeit: 30 Minuten	
Dieses Rezept enthält:	
349 kcal (1458 kJ)	4 g Eiweiß
17 g Kohlenhydrate	28 g Fett
1 Portion enthält:	
87 kcal (365 kJ)	1 g Eiweiß
4 g Kohlenhydrate	7 g Fett

Variante 1: Zutaten für 4 Portionen

- 4 große Tomaten
- 4 TL Bio-Olivenöl, extra vergine
- Salz
- Pfeffer
- 5–6 Zweige frischer Thymian
- 4 große Knoblauchzehen

Zubereitung

1 Von den Tomaten einen dünnen Deckel abschneiden und entsorgen sowie vorsichtig den Stielansatz entfernen. Mit der Schnittfläche nach oben in eine feuerfeste Form setzen, mit Olivenöl beträufeln und kräftig mit Salz und Pfeffer würzen. Die Knoblauchzehen mit Schale in die Form legen. Einige Blättchen Thymian von den Stängeln zupfen und über die Tomaten streuen.

2 Im vorgeheizten Backofen bei 180 °C ca. 20 Minuten backen. Aus dem Ofen nehmen und den Knoblauch aus der Schale drücken. (Achtung: Er ist wirklich, wirklich heiß!) Jede Tomate mit einer gerösteten Knoblauchzehe belegen. Erneut einige frische Thymianblättchen abzupfen und über Tomaten und Knoblauch streuen.

Variante 2: Zutaten für 4 Portionen

- 1 Handvoll Cocktailtomaten
- 4 TL Bio-Olivenöl, extra vergine
- Salz
- Pfeffer
- 4 Knoblauchzehen
- 5–6 Zweige frischer Thymian

Zubereitung

1 Auch bei den Cocktailtomaten einen dünnen Deckel abschneiden. Meistens erwischt man hier gleich den Stielansatz mit. Mit der Schnittfläche nach oben dicht an dicht in eine feuerfeste Schale stellen. Mit Olivenöl beträufeln und kräftig salzen und pfeffern.

2 Die Knoblauchzehen schälen, in Stifte schneiden und in die Tomatenzwischenräume stecken. Die Tomaten mit einigen Blättchen Thymian bestreuen. Im vorgeheizten Backofen bei 180 °C die Knoblauchtomaten 10 bis 15 Minuten backen. Nach dem Backen die Knoblauchtomaten mit den restlichen Thymianblättchen bestreuen.

Indischer Weißkohl mit Erbsen

Zubereitungszeit: 45 Minuten

Dieses Rezept enthält:

975 kcal (4080 kJ)	37 g Eiweiß
139 g Kohlenhydrate	27 g Fett

1 Portion enthält:

325 kcal (1360 kJ)	12 g Eiweiß
46 g Kohlenhydrate	9 g Fett

Zutaten für 3 Portionen

1 kleiner Weißkohl (ca. 1 kg)
500 g festkochende Kartoffeln
2 EL Bio-Sonnenblumenöl
1 TL Kreuzkümmelsamen
6 getrocknete Lorbeerblätter
2 TL Kurkumapulver
1 TL Chilipulver
3 TL Kreuzkümmelpulver
2 TL Korianderpulver
Salz
1 großer Schuss Wasser
300 g Erbsen (TK)
4 große Tomaten

Zubereitung

1 Den Weißkohl fein hobeln, die Kartoffeln schälen und in kleine Würfel schneiden.

2 In einem großen Topf das Öl erhitzen und die Kreuzkümmelsamen sowie die Lorbeerblätter dazugeben. Etwa eine Minute unter Rühren anbraten. Nun den Weißkohl sowie die Kartoffeln dazugeben und unter Rühren weitere 5 bis 8 Minuten mitbraten.

3 Die Gewürze (Kurkumapulver, Chilipulver, Kreuzkümmelpulver und Korianderpulver), eine große Prise Salz und einen großen Schuss Wasser dazugeben und mit geschlossenem Deckel 15 bis 20 Minuten bei schwacher Hitze schmoren. Ab und zu umrühren.

4 Tiefgefrorene Erbsen dazugeben und noch einmal ca. 10 Minuten mit garen, bis die Erbsen weich sind. Kurz vor dem Servieren die Lorbeerblätter entfernen, die Tomaten würfeln, unterheben und kurz erwärmen. Erneut mit Salz abschmecken.

Italienische Champignons

Zubereitungszeit: 40 Minuten

Dieses Rezept enthält:

463 kcal (1938 kJ)	20 g Eiweiß
26 g Kohlenhydrate	30 g Fett

1 Portion enthält:

232 kcal (969 kJ)	10 g Eiweiß
13 g Kohlenhydrate	15 g Fett

Zutaten für 2 Portionen

- 2 Tomaten
- ½ Bund Basilikum
- 2 Zwiebeln
- 3 Knoblauchzehen
- 2 EL Bio-Olivenöl, extra vergine
- Salz
- Pfeffer
- 500 g große, ganze Champignons

Zubereitung

1 Den Ofen auf 180 °C Umluft vorheizen.

2 Den Stielansatz der Tomaten herausschneiden und das Fruchtfleisch zusammen mit dem Basilikum möglichst klein hacken. Zwiebeln und Knoblauch schälen und ebenfalls möglichst klein hacken. Alles in eine Schüssel geben, das Olivenöl hinzufügen und mit Salz und Pfeffer nach Geschmack würzen.

3 Champignons mit einem feuchten Tuch reinigen, die Stiele herausdrehen und ebenfalls fein hacken. Zu den Tomaten in die Schüssel geben. Mit einem Teelöffel die inneren Lamellen vorsichtig aus dem Hut kratzen und entsorgen. Damit erreicht man ein größeres Füllvolumen im Inneren des Champignonhuts. Die Hüte füllen und im vorgeheizten Backofen bei 180 °C 15 bis 20 Minuten backen.

Champignons, mit Sellerie und Maronen gefüllt

Zubereitungszeit: 50 Minuten

Dieses Rezept enthält:

627 kcal (2622 kJ)	22 g Eiweiß
60 g Kohlenhydrate	32 g Fett

1 Portion enthält:

313 kcal (1311 kJ)	11 g Eiweiß
30 g Kohlenhydrate	16 g Fett

Zutaten für 2 Portionen

- 500 g frische Champignons
- 2 Stängel Staudensellerie
- 100 g gekochte Maronen
- 1 große Zwiebel
- 3 Knoblauchzehen
- 1 Zweig frischer Rosmarin
- Salz
- Pfeffer
- 2 EL Bio-Olivenöl, extra vergine

Zubereitung

1 Ofen auf 180 °C vorheizen.

2 Champignons mit einem feuchten Tuch reinigen oder häuten. Stiele aus den Champignons drehen und klein schneiden. Sellerie abziehen und in sehr kleine Würfel schneiden. Maronen fein hacken. Zwiebel und Knoblauch abziehen und in kleine Würfel schneiden. Die Nadeln vom Rosmarinzweig ziehen und ebenfalls fein hacken.

3 Champignonstiele, Selleriewürfel, gehackte Maronen, Zwiebel- und Knoblauchwürfel sowie gehackte Rosmarinnadeln in eine Schüssel geben und mit Salz und Pfeffer würzen.

4 Olivenöl dazugeben und gut vermischen. Alles in eine Pfanne geben und bei mittlerer Hitze 5 bis 10 Minuten andünsten. Anschließend in die Champignonhüte füllen. Champignons in eine Auflaufform setzen und im Ofen 20 bis 30 Minuten lang backen.

Kartoffel-Chips

Zubereitungszeit: 40 Minuten

Dieses Rezept enthält:

562 kcal (2350 kJ)	10 g Eiweiß
85 g Kohlenhydrate	19 g Fett

1 Portion enthält:

281 kcal (1175 kJ)	5 g Eiweiß
43 g Kohlenhydrate	9 g Fett

Zutaten für 2 Portionen

- 500 g festkochende Bio-Kartoffeln
- 2 EL Bio-Sonnenblumenöl
- Salz

Zubereitung

1 Den Ofen auf 180 °C Umluft vorheizen und zwei Backbleche mit Backpapier auslegen.

2 Kartoffeln waschen, nicht schälen, und auf einem Gemüsehobel möglichst dünn hobeln. Scheiben abwaschen, um die überschüssige Stärke abzuspülen (sie kleben sonst im Ofen aneinander fest) und trocken tupfen.

3 Scheiben in eine Schüssel geben und mit dem Öl übergießen. Mit den Händen gut mischen, damit alle Kartoffelscheiben vom Öl benetzt werden.

4 Die Kartoffelscheiben auf den Backblechen verteilen. Nach Möglichkeit sollten sich die Scheiben nicht überlappen. 15 bis 25 Minuten im Ofen backen, bis sie knusprig sind. Erst danach salzen.

TIPP

Warum nicht auch einmal Chips mit Chilisalz, getrockneten Kräutern, Räuchersalz, Räucherpaprika oder Rosmarinsalz probieren?

Bratkartoffeln mit Mangoldgemüse

Zubereitungszeit: 40 Minuten

Dieses Rezept enthält:

995 kcal (4164 kJ)	30 g Eiweiß
143 g Kohlenhydrate	31 g Fett

1 Portion enthält:

498 kcal (2082 kJ)	15 g Eiweiß
71 g Kohlenhydrate	16 g Fett

Zutaten für 2 Portionen

- 1 großes Bündel Mangold (ca. 600 g)
- 2 Zwiebeln
- 2 EL Bio-Olivenöl, extra vergine
- 1 Schuss Wasser
- 1–2 Knoblauchzehen
- Salz
- Pfeffer
- Muskatnuss
- 8 große gekochte Kartoffeln vom Vortag
- Tomatenscheiben nach Belieben

Zubereitung

1 Den Mangold gründlich waschen und die härteren Stiele vom feinen Blattgrün trennen. Die Stiele klein schneiden. Die Zwiebeln schälen, klein hacken und zusammen mit den Mangoldstielen in einem Topf mit 1 EL Öl sanft andünsten. Mit einem Schuss Wasser ablöschen, Deckel schließen und weich dünsten lassen.

2 Nun erst das grob gehackte Blattgrün dazugeben und alles noch einmal ca. 5 Minuten köcheln lassen. Die Blätter fallen sehr schnell zusammen!

3 Die Knoblauchzehen schälen und dazu pressen und mit Salz, Pfeffer und Muskatnuss abschmecken. Die Kartoffeln in Scheiben schneiden und in einer Pfanne mit 1 EL Öl krossbraten. Nach Geschmack salzen.

4 Alles zusammen auf einem Teller anrichten und (wer möchte) mit frischen Tomatenscheiben garnieren.

Maronen-Kartoffel-Gnocchi

Zubereitungszeit: 50 Minuten

Dieses Rezept enthält:	
2225 kcal (9308 kJ)	47 g Eiweiß
479 g Kohlenhydrate	7 g Fett
1 Portion enthält:	
556 kcal (2327 kJ)	12 g Eiweiß
120 g Kohlenhydrate	2 g Fett

Zutaten für 4 Portionen

- 2 kg mehlig kochende Kartoffeln
- 4 EL Mandelmilch (siehe Seite 32)
- 140 g Maronenmehl
- 50 g Kartoffelmehl
- 1 Prise Muskatnuss
- 2 TL Salz

Zubereitung

1 Die Kartoffeln schälen, klein schneiden und in Salzwasser weichkochen (Dauer ca. 20 Minuten).

2 Abgießen und noch heiß durch eine Kartoffelpresse in eine große Schüssel pressen. Auf Handwärme abkühlen lassen.

3 Alle anderen Zutaten dazugeben und zu einem geschmeidigen Teig kneten. Nun kleine Gnocchi formen: Eine kleine Kugel rollen und mit einer Gabel leicht plattdrücken. So bekommen die kleinen Prachtstücke dann auch das typische Muster.

4 Einen Topf mit mindestens 2 Liter Salzwasser zum Kochen bringen.

5 Die Gnocchi hineingeben. Sie sind fertig, wenn sie nach kurzer Zeit an der Wasseroberfläche schwimmen.

6 Mit der Schaumkelle herausfischen. Dazu zum Beispiel die rauchige Champignonrahmsauce reichen (siehe Seite 78).

Rosenkohl und Maronen-Kartoffel-Gnocchi

Zubereitungszeit: 60 Minuten

Dieses Rezept enthält:

3092 kcal (12937 kJ)	115 g Eiweiß
289 g Kohlenhydrate	155 g Fett

1 Portion enthält:

618 kcal (2587 kJ)	23 g Eiweiß
58 g Kohlenhydrate	31 g Fett

Zutaten für 5 Portionen

- Maronen-Kartoffel-Gnocchi (siehe vorheriges Rezept, bitte halbieren)
- 750 g Rosenkohl
- 2 EL mildes Bio-Kokosöl
- Salz
- ¼ Tasse Wasser
- 1 große Zwiebel
- 2 Knoblauchzehen
- 500–600 ml Mandelsahne (siehe Seite 33)
- Pfeffer

Zubereitung

1 Gnocchi nach Rezept zubereiten.

2 Den Rosenkohl putzen (Strunk kürzen und die äußeren Blätter entfernen) und danach halbieren. Große Röschen vierteln. Kokosöl in der Pfanne erhitzen und die Rosenkohlhälften hineingeben. Nach Geschmack salzen und braten, bis er Farbe angenommen hat. Mit ¼ Tasse Wasser ablöschen, Topf verschließen, Hitze reduzieren und in ca. 10 Minuten weich dämpfen lassen. Deckel öffnen und das übrige Wasser verdampfen lassen.

3 Die Zwiebel schälen, in Würfel schneiden sowie den Knoblauch schälen und durch die Knoblauchpresse drücken. Beides zum Rosenkohl in die Pfanne geben. Einige Minuten mitbraten lassen. Mandelsahne angießen und ein wenig eindicken lassen. Zum Schluss die Gnocchi dazugeben und in der Mandelsahne erwärmen. Mit Salz und Pfeffer abschmecken.

Sellerie-Kartoffel-Stampf mit Wurzelgemüse

Zubereitungszeit: 50 Minuten

Dieses Rezept enthält:

3029 kcal (12673 kJ)	71 g Eiweiß
569 g Kohlenhydrate	44 g Fett

1 Portion enthält:

505 kcal (2112 kJ)	12 g Eiweiß
95 g Kohlenhydrate	7 g Fett

Zutaten für 6 Portionen

- 2 kg mehlig kochende Kartoffeln
- 1 mittelgroße Sellerieknolle (ca. 500 g)
- Salz
- Muskatnuss
- 2 große Pastinaken
- 10 Karotten
- 2 EL Bio-Olivenöl, extra vergine
- Pfeffer
- 1 Zweig frischer Rosmarin
- 500 ml Mandelmilch (siehe Seite 32)
- Muskatnuss

Zubereitung

1 Die Kartoffeln und die Sellerieknolle schälen, in mittelgroße Würfel schneiden und in einem Topf mit Salzwasser ca. 20 Minuten weich kochen.

2 Den Ofen auf 180 °C Umluft vorheizen und ein Backblech mit Backpapier auslegen.

3 Die Pastinaken und die Karotten schälen, Blatt- und Wurzelansatz entfernen, längs in Viertel schneiden und in eine Schüssel geben. Mit dem Öl übergießen sowie mit 3 großen Prisen Salz und Pfeffer würzen. Mit den Händen mischen, damit alle Gemüseteile mit einem dünnen Ölfilm überzogen werden.

4 Das Gemüse auf dem Backblech verteilen, die Rosmarinnadeln vom Stiel zupfen, darübergeben und für 20 bis 30 Minuten im Ofen weich garen, bis das Gemüse eine zarte Bräune hat.

5 Kartoffeln und Sellerie abgießen und wieder in den Topf schütten. Mandelmilch dazu gießen und mit einem Kartoffelstampfer zu einem weichen Püree verarbeiten. Mit Muskatnuss und Salz abschmecken. Püree auf einen Teller geben und das Gemüse darauf platzieren.

Steffis Pie

Zubereitungszeit: 60 Minuten

Dieses Rezept enthält:	
3105 kcal (12991 kJ)	115 g Eiweiß
205 g Kohlenhydrate	193 g Fett
1 Portion enthält:	
776 kcal (3248 kJ)	29 g Eiweiß
51 g Kohlenhydrate	48 g Fett

Zutaten für 4 Portionen
4 Karotten
1 kleiner Brokkoli
1 kleiner Blumenkohl
Salz
Chiliflocken
350 ml Mandelsahne (siehe Seite 33)
10 große Kartoffeln
400 ml Mandelmilch (siehe Seite 32)
Muskatnuss
Pfeffer
2 Stangen Lauch
3 EL Bio-Sonnenblumenöl

Zubereitung

1 Die Karotten schälen und in Scheiben schneiden, den Brokkoli und den Blumenkohl in kleine Röschen teilen. Karotten, Brokkoli und Blumenkohl in einen Topf geben, mit kochendem Salzwasser bedecken und in ca. 10 Minuten bissfest kochen. Danach abgießen und in eine Auflaufform von ca. 20 x 30 cm schichten.

2 Während das Gemüse kocht, die Kartoffeln schälen, in kleine Würfel schneiden, in einen Topf mit Salzwasser geben und in 10 bis 15 Minuten gar kochen. Das Wasser abgießen, Mandelmilch und 2 EL Öl hinzufügen und die Kartoffeln mit einem Kartoffelstampfer zu einem glatten Püree verarbeiten. Mit Muskatnuss, Salz und Pfeffer abschmecken.

3 Den Lauch vierteln und gründlich unter fließendem Wasser waschen. In etwa 2 cm breite Stücke schneiden und in einer Pfanne mit 1 EL Sonnenblumenöl anschwitzen. Salzen und pfeffern.

4 Den Ofen auf 180 °C vorheizen.

5 Den Kartoffelbrei über dem Gemüse verteilen und mit dem Löffel ein schuppiges Muster hineindrücken. Mit dem angeschwitzten Lauch bedecken. Den Auflauf im vorgeheizten Ofen 15 bis 20 Minuten gratinieren. Das Püree sollte eine leichte Kruste bekommen und die Sahne blubbern.

TIPP

Die Gemüsesorten sind beliebig austauschbar. Es eignen sich hervorragend: Kohlrabi, Rote Bete, Rosenkohl, Erbsen, Süßkartoffeln oder grüne Bohnen. Um dem Auflauf eine asiatische Note zu verleihen, kann man an die Mandelsahne einen TL Currypulver geben.

Kartoffelsalat

Zubereitungszeit: 30 Minuten

Dieses Rezept enthält:

1118 kcal (4676 kJ)	24 g Eiweiß
164 g Kohlenhydrate	38 g Fett

1 Portion enthält:

559 kcal (2338 kJ)	12 g Eiweiß
82 g Kohlenhydrate	19 g Fett

Zutaten für 2 Portionen

- 10 mittelgroße gekochte Pellkartoffeln
- 2 Frühlingszwiebeln
- 20 Cocktailtomaten
- 1 Salatgurke
- 1 Bund glatte Petersilie
- Kürbiskernöl-Orangensaft-Dressing (siehe Seite 51)
- Salz
- Pfeffer

Zubereitung

1 Kartoffeln pellen oder mit Schale in Scheiben schneiden. Frühlingszwiebeln putzen, schräg in Ringe schneiden. Cocktailtomaten waschen, abtrocknen, vierteln oder halbieren. Die Salatgurke nur waschen und in kleine Würfel schneiden. Petersilie inklusive Stängel fein hacken.

2 Dressing nach Rezept herstellen. Alles in eine Schüssel geben und miteinander vermischen. Eventuell mit Pfeffer und Salz noch einmal abschmecken.

Blumenkohlschnitzel

Zubereitungszeit: 20 Minuten

Dieses Rezept enthält:

227 kcal (950 kJ)	16 g Eiweiß
15 g Kohlenhydrate	11 g Fett

1 Portion enthält:

114 kcal (475 kJ)	8 g Eiweiß
8 g Kohlenhydrate	6 g Fett

Zutaten für 2 Portionen

- 1 kg Blumenkohl
- 2 EL Bio-Sonnenblumenöl
- Salz
- Pfeffer

Zubereitung

1 Die äußeren Blätter vom Blumenkohl entfernen. Danach den Blumenkohl in daumenbreite Scheiben schneiden.

2 Die „Schnitzel“ in eine Pfanne mit heißem Sonnenblumenöl legen und von beiden Seiten leicht anbräunen lassen. Einen kleinen Schuss Wasser mit in die Pfanne geben und den Blumenkohl weich dünsten. Mit Salz und Pfeffer würzen.

3 Dazu einen herzhaften Dip, eine kräftige Sauce oder ein würziges Pesto reichen.

Bratkartoffeln mit Spinat und frischen Tomaten

Zubereitungszeit: 20 Minuten

Dieses Rezept enthält:

679 kcal (2840 kJ)	17 g Eiweiß
120 g Kohlenhydrate	13 g Fett

1 Portion enthält:

339 kcal (1420 kJ)	8 g Eiweiß
60 g Kohlenhydrate	6 g Fett

Zutaten für 2 Portionen

- 8 mittelgroße gekochte Pellkartoffeln
- 1 EL mildes Bio-Kokosöl
- Salz
- 500 g frischer Blattspinat
- 3–4 Tomaten
- 1 frische Chilischote nach Belieben
- Pfeffer

Zubereitung

1 Die Kartoffeln in Scheiben schneiden. Das Fett in der Pfanne erhitzen und die Kartoffeln hineingeben. Salzen und von beiden Seiten knusprig braun braten.

2 In dieser Zeit den Spinat waschen, verlesen und die Tomaten in Stücke schneiden.

3 Die Chilischote halbieren, Scheidewände und Samen entfernen und anschließend fein hacken.

4 Den Spinat zu den Kartoffeln in die Pfanne geben und eine Minute mitbraten.

5 Kurz vor Ende der Bratzeit die Tomaten in die Pfanne geben und leicht erwärmen. Mit Salz und Pfeffer abschmecken.

Papas Arrugadas (Spanische Runzelkartoffeln)

Zubereitungszeit: 20 Minuten

Dieses Rezept enthält:

788 kcal (3298 kJ)	20 g Eiweiß
170 g Kohlenhydrate	1 g Fett

1 Portion enthält:

263 kcal (1099 kJ)	7 g Eiweiß
57 g Kohlenhydrate	1 g Fett

Zutaten für 3 Portionen

- 1 kg kleine festkochende Bio-Kartoffeln
- 300 g grobes Meersalz

Zubereitung

1 Kartoffeln gründlich waschen und mit dem Meersalz in einen Topf geben. Topf mit Wasser auffüllen, bis die Kartoffeln vollständig bedeckt sind. Kartoffeln zugedeckt bei mittlerer Hitze ca. 20 Minuten kochen, bis sie weich sind. Wasser so weit abgießen, dass noch ca. 0,5 cm auf dem Topfboden bleiben.

2 Herdplatte auf geringste Hitze schalten und bei halb aufgelegtem Topfdeckel ca. 15 Minuten ausdampfen lassen. Topf dabei gelegentlich durchrütteln. Dabei werden die Kartoffeln leicht runzelig und bekommen die typische Salzkruste. Mit Mojo verde oder rojo genießen (siehe Seite 52).

Spanischer Spinat

Zubereitungszeit: 20 Minuten

Dieses Rezept enthält:

339 kcal (1418 kJ)	4 g Eiweiß
12 g Kohlenhydrate	30 g Fett

Zutaten für 1 Portion

- 3 Knoblauchzehen
- 500 g frischer Blattspinat
- 2 EL Bio-Olivenöl, extra vergine
- ½ TL Kreuzkümmelpulver (Cumin)
- 1 TL Paprikapulver, edelsüß
- Salz
- Pfeffer
- 2 EL naturtrüber Apfelessig oder Zitronensaft
- 2 EL Wasser

Zubereitung

1 Knoblauch abziehen und fein hacken.

2 Blattspinat gründlich waschen, abtropfen lassen und grob hacken. In einer Pfanne Öl erhitzen, Spinat hinzugeben und unter gelegentlichem Rühren garen. Wenn er zerfallen ist, mit Kreuzkümmel- und Paprikapulver sowie Salz und Pfeffer nach Geschmack würzen.

3 Die Hitze reduzieren, gehackten Knoblauch, Essig und Wasser hinzufügen. Noch eine Minute weiter dünsten, dann in einer Schüssel servieren.

Blumenkohlreis

Zubereitungszeit: 30 Minuten

Dieses Rezept enthält:

324 kcal (1323 kJ)	17 g Eiweiß
33 g Kohlenhydrate	13 g Fett

1 Portion enthält:

162 kcal (661 kJ)	9 g Eiweiß
17 g Kohlenhydrate	6 g Fett

Zutaten für 2 Portionen

- 500 g Blumenkohl
- 1 Zwiebel
- 3 Frühlingszwiebeln
- ½ Bund Petersilie
- 1 EL mildes Bio-Kokosöl
- 1 Schuss Wasser
- Salz

Zubereitung

1 Den Blumenkohl waschen, in kleine Röschen teilen und portionsweise in den Standmixer geben. Diesen bis zu einem Drittel mit Wasser auffüllen, sodass die Röschen schwimmen. Dann in kurzen Abständen die Power-Taste drücken und mixen, bis der Blumenkohl die Größe von Reis hat. Das Wasser-Blumenkohl-Gemisch durch ein Sieb schütten, und zurück bleibt der Blumenkohlreis.

2 Die Zwiebel abziehen und in kleine Würfel schneiden, Frühlingszwiebeln inklusive dem dunkelgrünen Teil und die Petersilie fein hacken.

3 Etwas Öl in einem Topf oder einer Pfanne erhitzen und die Zwiebeln kurz andünsten. Blumenkohlreis und einen Schuss Wasser dazugeben und so lange dünsten, bis der „Reis" weich ist. Nach Geschmack salzen. Zum Schluss mit Petersilie und Frühlingszwiebeln bestreuen.

TIPP

Wer keinen Standmixer besitzt, kann den Blumenkohl auch auf einer Gemüsereibe in reisgroße Stücke reiben.

SÜSSES

Cremige Bananen-Mango-Nicecream

Zubereitungszeit: 5 Minuten
Gefrierzeit: 1 Stunde

Dieses Rezept enthält:	
375 kcal (1570 kJ)	4 g Eiweiß
82 g Kohlenhydrate	2 g Fett

1 Portion enthält:	
125 kcal (524 kJ)	1 g Eiweiß
28 g Kohlenhydrate	1 g Fett

Zutaten für 3 Portionen

- 200 g reife Bananen
- 340 g reifes Mangofleisch

TIPP

Bitte achten Sie darauf, dass Sie wirklich reife Früchte verwenden. Nur die reifen Früchte haben so viel Zucker, dass Sie auf säurebildenden Haushaltszucker verzichten können. Die Bananenschale sollte schon viele schwarze Punkte haben und die Mango auf Druck deutlich nachgeben.
Wenn Sie Tiefkühlware kaufen, verringert sich die komplette Herstellungszeit auf knappe 5 Minuten. Das nenne ich Blitzeis!
Dazu passt frisches Obst oder die Himbeer-Maracuja-Sauce (siehe Seite 160).

Zubereitung

1 Die Bananen schälen und in dicke Stücke schneiden. Mango schälen, Fruchtfleisch vom Kern lösen, in dicke Würfel schneiden und zusammen mit der Banane einfrieren, bis die Fruchtstücke komplett durchgefroren sind.

2 Fruchtstücke in einen Hochleistungsmixer geben und schnell auf der höchsten Stufe zu einem cremigen Eis mixen. Achtung: Beim Mixen entsteht Wärme, das Eis also so kurz wie möglich mixen, ansonsten entsteht ein kalter Fruchtbrei, der aber dann als Smoothiebowl mit gehackten Mandeln gegessen werden kann! Die gefrorenen Bananen machen das Eis so cremig als wäre Sahne drin.

Gebackene Banane mit roher Himbeer-Maracuja-Sauce

Zubereitungszeit: 30 Minuten

Dieses Rezept enthält:

725 kcal (3033 kJ)	13 g Eiweiß
154 g Kohlenhydrate	4 g Fett

1 Portion enthält:

181 kcal (758 kJ)	3 g Eiweiß
39 g Kohlenhydrate	1 g Fett

Zutaten für 4 Portionen

- 400 g frische Himbeeren
- 2 reife Maracujas (ca. 70 g)
- 4 reife Bananen
- 2 Msp. Zimtpulver nach Belieben

Zubereitung

1 Für die Sauce die Himbeeren in einen Mixbecher geben. Maracujas halbieren und drei Hälften in den Mixbecher löffeln. (Die vierte Hälfte für die Dekoration beiseitelegen.) Mit einem Pürierstab zu einer glatten Sauce mixen. Wer keine Kerne in der Sauce mag, streicht die Sauce danach noch durch ein feines Sieb.

2 Bananen in der Schale auf einen heißen Grill legen und von beiden Seiten so lange grillen, bis die Haut pechschwarz ist. Das dauert etwa 15 Minuten. Wer keinen Grill zur Hand hat, kann die Bananen auch unter dem Grill des Backofens grillen.

3 Bananen vom Grill nehmen, auf einen kleinen Teller legen und der Länge nach aufschlitzen. Haut leicht auseinanderziehen und das Fruchtfleisch mit der Himbeersauce beträufeln. Den Inhalt der vierten Maracujahälfte auf alle Portionen verteilen und nach Geschmack mit Zimtpulver bestreuen.

TIPP

Maracujas sind erst reif und richtig süß, wenn die Frucht komplett verschrumpelt ist. Also in diesem Fall mal nicht die prallen Früchte kaufen, sondern warten, bis man verschrumpelte findet.
Die Banane schmeckt auch gut mit dem Mousse au Chocolat von siehe Seite 163. Einfach das Mousse mit Mandelmilch verdünnen und über die Banane gießen.

Energy-Bites

Zubereitungszeit: 30 Minuten

Dieses Rezept enthält:

697 kcal (2918 kJ)	19 g Eiweiß
71 g Kohlenhydrate	35 g Fett

1 Portion enthält:

17 kcal (73 kJ)	1 g Eiweiß
2 g Kohlenhydrate	1 g Fett

Zutaten für 40 Kugeln

- 60 g ungeschälte Mandeln
- 50 g getrocknete Datteln
- 50 g getrocknete Cranberries
- 1 TL weißes Mandelmus
- 1 TL Carobpulver oder Kakao in Rohkostqualität
- 2 EL frisch gepresster Grapefruitsaft (oder Orangensaft)

Zubereitung

Alle Zutaten in einen Standmixer geben und zu einem Teig verarbeiten. Danach zu Kugeln rollen, und fertig sind die Schätzchen. Man kann die Kugeln sehr gut verschenken oder im Kühlschrank bis zum Aufessen verwahren. Sie halten sich dort etwa 3 bis 5 Tage.

TIPP

Trockenobst ist äußerst energiereich. Deshalb bitte nicht zu viele von den herrlichen Kügelchen essen.

Rohe, zuckerfreie Erdbeer-Granita

Zubereitungszeit: 10 Minuten
Gefrierzeit: 4–5 Stunden

Dieses Rezept enthält:	
180 kcal (751 kJ)	4 g Eiweiß
35 g Kohlenhydrate	2 g Fett

1 Portion enthält:	
90 kcal (376 kJ)	2 g Eiweiß
18 g Kohlenhydrate	1 g Fett

Zutaten für 2 Portionen

500 g Erdbeeren

Saft einer ½ Zitrone

Zubereitung

1 Die Erdbeeren putzen. Eine kleine Handvoll für die Dekoration beiseitelegen.

2 Erdbeeren und den Saft einer halben Zitrone in ein hohes Mixgefäß geben. Mit dem Pürierstab zu einer glatten Sauce mixen. Wer die Kerne nicht mag, kann die Sauce durch ein feines Sieb streichen. Sauce in eine flache Schale füllen und in den Tiefkühler stellen.

3 Die Sauce braucht mindestens 4 bis 5 Stunden, um komplett durchzukühlen. Wichtig ist aber, dass sie alle 20 bis 30 Minuten gründlich mit einer Gabel durchgerührt wird. Dies verhindert die Bildung großer Eiskristalle.

4 Granita zu Kugeln formen, mit Erdbeeren garnieren und schnell servieren.

Mousse au Chocolat

Zubereitungszeit: 5 Minuten

Dieses Rezept enthält:	
682 kcal (2855 kJ)	6 g Eiweiß
53 g Kohlenhydrate	48 g Fett
1 Portion enthält:	
341 kcal (1427 kJ)	3 g Eiweiß
26 g Kohlenhydrate	24 g Fett

Zutaten für 2 kleine Portionen

1 Avocado

1 reife Banane

2 EL Carobpulver

1 EL Dattelsüße

frisches Obst und gehackte Mandeln zum Garnieren

TIPP

Sie können die Mousse auch mit Mandelmilch oder Mandelsahne verflüssigen und das Mousse dann als Schokoladensauce zum Bratapfel oder der gebackenen Banane reichen (siehe Seiten 160 und 164).

Zubereitung

Die Avocado halbieren, den Kern entfernen und das Fruchtfleisch in einen Mixbecher löffeln. Die Banane schälen und das Fruchtfleisch ebenfalls in den Mixbecher geben. Carobpulver und Dattelsüße hinzufügen und mit einem Pürierstab zu einem feinen Mousse pürieren. In Gläser füllen und mit frischem Obst oder gehackten Mandeln garnieren.

Bratapfel

Zubereitungszeit: 45 Minuten

Dieses Rezept enthält:

451 kcal (1888 kJ)	5 g Eiweiß
90 g Kohlenhydrate	6 g Fett

1 Portion enthält:

113 kcal (472 kJ)	1 g Eiweiß
23 g Kohlenhydrate	2 g Fett

Zutaten für 4 Portionen

- 4 säuerliche Äpfel (Braeburn oder Boskoop)
- 1 große Banane
- 10 g gehackte Mandeln
- 10 g gehackte, getrocknete Aprikosen
- 10 g gehackte Datteln
- 2–3 Messerspitzen Zimtpulver

TIPP

Dazu passt sehr gut eine fruchtige Sauce, eine Kugel Bananen-Mango-Nicecream (siehe Seite 158), Erdbeer-Granita (siehe Seite 162) oder das Mousse au Chocolat (siehe Seite 163). Sie können das getrocknete Obst nach Geschmack durch Rosinen, getrocknete Apfelstücke, getrocknete Ananas oder getrocknete Preiselbeeren ersetzen.

Zubereitung

1 Den Ofen auf 180 °C Umluft vorheizen.

2 Die Äpfel waschen und abtrocknen. Mit einem Kerngehäuseausstecher in einem Zug den Stielansatz, das Kerngehäuse und den Blütenrest in der Kelchgrube ausstechen und entsorgen. Wer möchte, kann das Loch auch ruhig noch etwas größer ausstechen, so passt mehr Füllung in den Apfel.

3 Die Banane in einer Schüssel zerdrücken und die gehackten Mandeln, das gehackte Trockenobst und 3 Messerspitzen Zimtpulver dazugeben. Gut vermischen.

4 Füllung in die Apfellöcher füllen, Äpfel in eine Auflaufform stellen und 20 bis 30 Minuten im Ofen backen. Die Äpfel sollten eine pralle, dunkelgelbe Farbe annehmen und die Küche sollte herrlich nach Bratapfel duften. Wenn Sie die Äpfel aus dem Ofen nehmen, werden sie „schrumpeln“. Nicht erschrecken, das ist eben so.

GETRÄNKE

Lauwarmes Zitronenwasser

Zubereitungszeit: 5 Minuten

Dieses Rezept enthält:

2 kcal (8 kJ)	1 g Eiweiß
1 g Kohlenhydrate	0 g Fett

Zutaten für 250 ml

250 ml Quellwasser

½ Bio-Zitrone

Zubereitung

Das Wasser leicht erwärmen. Die Zitrone auspressen und den Saft mit dem Wasser mischen.

TIPP

Das Wasser auf keinen Fall erhitzen, weil sonst alle Vitalstoffe absterben. Warmes Wasser hat bereits Körpertemperatur – der Körper kann sich sogleich über die guten Inhaltsstoffe hermachen.
Gleich morgens nach dem Aufstehen trinken. Zitronenwasser durchspült die Nieren, fördert die Verdauung (ist gut für die Darmschleimhaut), entgiftet und entsäuert, stärkt das Immunsystem, hilft bei Hautunreinheiten und ist reich an Kalium und Magnesium. Auf den Organismus wirkt Zitronenwasser basisch.

Apfelessigwasser

Zubereitungszeit: 5 Minuten

Dieses Rezept enthält:

1 kcal (4 kJ)	0 g Eiweiß
0 g Kohlenhydrate	0 g Fett

Zutaten für 250 ml

250 ml Quellwasser

2 TL naturtrüber, ungefilterter Bio-Apfelessig

Zubereitung

Quellwasser und Apfelessig miteinander verrühren und morgens auf nüchternen Magen, 15 Minuten vor dem Frühstück trinken.

TIPP

Der Apfelessig ist reich an Kalium und Magnesium, senkt den Cholesterin- und Blutzuckerspiegel sowie den Langzeit-Blutzucker. Er setzt die Verdauung in Gang, unterstützt beim Fettabbau und hilft, Heißhungerattacken zu reduzieren. Auf den Organismus wirkt Apfelessigwasser basisch.

Glühpunsch

Zubereitungszeit: 20 Minuten

Dieses Rezept enthält:

1202 kcal (5030 kJ)	17 g Eiweiß
266 g Kohlenhydrate	5 g Fett

Zutaten für 6 große Becher

- 1 Bio-Orange
- 1 l Orangensaft
- 1 l Traubensaft
- 1 großes Stück Zimtstange
- 6 Nelken

Zubereitung

Die Orange in dünne Scheiben schneiden (mit Schale). Säfte, Zimt, Orangenscheiben und Nelken in einen Topf füllen und erhitzen. Kurz aufkochen und 30 Minuten ziehen lassen. Nelken und Zimtrinde aus dem Punsch herausfischen. Glühpunsch in Becher füllen, die Orangenscheiben dabei auf die Becher mit verteilen.

Scharfer Erkältungstee

Zubereitungszeit: 15 Minuten

Dieses Rezept enthält:

18 kcal (75 kJ)	1 g Eiweiß
3 g Kohlenhydrate	0 g Fett

Zutaten für 1 l

- 4 bis 5 frische Salbeiblätter
- 1 bis 2 Stängel Thymian
- 1 EL getrocknete Brennnesselblätter
- 1 EL getrocknete Lindenblüten
- 1 TL getrocknete Kamillenblüten
- 1 TL frisch geriebener Ingwer
- 1 Stück frische Chili (ca. 5 cm) inklusive Scheidewände und Samen

Zubereitung

1 Eine Thermoskanne mit kochendem Wasser ausspülen, damit der Tee schön heiß bleibt.

2 Alle Zutaten in einen Teefilter geben, diesen in die Thermoskanne hängen und mit frischem, kochendem Wasser übergießen, bis die Kanne voll ist und der Teefilter im Wasser liegt. Ca. 15 Minuten ziehen lassen, Teefilter entfernen und den Tee über den Tag verteilt trinken.

Erfrischende Zitronen-Minze-Lavendel-Limonade

Zubereitungszeit: 15 Minuten

Dieses Rezept enthält:

44 kcal (183 kJ)	5 g Eiweiß
5 g Kohlenhydrate	1 g Fett

Zutaten für 1,5 Liter

- 1500 ml frisches Quellwasser
- 40 g frische Minzblätter oder 2 Teebeutel
- 2 Lavendeldolden
- 1 große Zitrone

Zubereitung

1 150 ml vom Quellwasser zum Kochen bringen und die Minzblätter wie auch die Lavendeldolden damit übergießen. 15 Minuten ziehen lassen.

2 Dann den starken Minztee in eine große Karaffe füllen. Die Zitrone auspressen und den Saft ebenfalls in die Karaffe füllen. Mit frischem Quellwasser bis zu 1500 ml auffüllen und kühl stellen.

3 Schmeckt herrlich erfrischend an heißen Tagen, beugt aber auch in der kalten Jahreszeit Erkältungen vor.

TIPP

Wenn Sie Lavendel nicht mögen, können Sie die Blüten auch weglassen.

ANHANG

Quellenverzeichnis und nützliche Links

Basische, basenüberschüssige und vegane Rezepte

https://energyhealth.de

Chronische Erkrankungen lindern durch Ernährung

https://schmerzfrei-durch-ernaehrung.de

Allgemeine Informationen über basische Ernährung

https://www.thieme.de/de/ernaehrung/saeurebildner-39387.htm

https://www.saeure-basen-forum.de

https://www.saeure-basen-ratgeber.de

https://www.zentrum-der-gesundheit.de/saure-und-basische-lebensmittel.html

https://www.avogel.ch/de/extras/Pral-Tabelle.pdf

Elvira Bierbach, Naturheil-Praxis Heute, Urban & Fischer, ISBN 978-437-55243-4

Die Nährwerte aller Rezepte in diesem Buch wurden mit folgendem Rezeptumrechnungsrechner berechnet (vielen, lieben Dank Tina!): https://www.rezeptrechner-online.de

Weitere Links

https://www.apotheke.blog/keimling-sprossen/

https://www.zentrum-der-gesundheit.de/ph-wert.html

http://www.biologie-schule.de/ph-wert.php

https://flexikon.doccheck.com

https://www.verbraucherzentrale-bayern.de/wissen/haetten-sies-gewusst/warum-sind-rohe-gruene-bohnen-giftig-17665

Danksagung

Mein herzlicher Dank geht an:

Hans-Jürgen – der in meinem Kopf eine Kerze angezündet, für alle Fragen immer ein offenes Ohr hat und mich gerne immer mal wieder verbal tritt.

Stefan – der das Kerzenlicht in meinem Kopf in einen Stadionflutlicht verwandelt, alles in die Wege geleitet hat, immer an mich glaubt und mich bei Bedarf in die richtige Richtung schubst (ohne dass ich es merke).

Lea – meine Social-Media-Beraterin, die mich immer positiv kritisiert, dadurch einfach das Beste aus allem und mir herausholt und gemeinsam mit mir lachend das eine oder andere Mahl in den Mülleimer dirigiert hat.

Christin, die mir eins meiner Lieblingsrezepte geschenkt hat und zusammen mit Frank meine Visionen versteht.

Den humboldt Verlag, allem voran an Katja Koschate, die mich einfach so fand und damit einen Traum hat wahr werden lassen.

Frank, Ulrike, Philipp, Stefan: meine externen Augen

Last but not least: Alle, die mich auf meinem Weg unterstützt und immer an mich geglaubt haben.

Rezeptregister

BASISREZEPTE

Mandelmilch 32
Mandelsahne 33
Mandelmus 34
Dattelsüße – als Zuckerersatz 35
Rohe, passierte Tomaten 36
Ketchup – roh, ohne Zucker 37
Currypulver „Madras Art“ 38
Currypulver „Garam Masala“ 39
Ras EL Hanout 40
Knoblauchöl 40
Marokkanische Harissa-Paste 41

FRÜHSTÜCK

Ein beerenstarker Obstteller 44
Erdmandel-Porridge 45
Ananas-Heidelbeer-Kiwi-Smoothie 46
Apfelstrudel-Smoothie 46
Apfelmusfrühstück to go 48

DRESSINGS UND DIPS

Senfvinaigrette oder -marinade 50
Kürbiskernöl-Orangensaft-Dressing 51
Mojo verde 52
Mojo rojo 52
Bärlauchdressing 54
Knoblauch-Brühe-Dressing 54
Guacamole 55
Paprika-Dip oder -Sauce 56
Grillgemüse-Dip 57

SALATE

Indischer Karotten-Mango-Minze-Salat 58
Tomatensalat 59
Tomaten-Mango-Salat 60
Nektarinen-Tomaten-Salat 62
Paprika-Mandarinen-Salat 63
Warmer Zucchini-Birnen-Salat 64
Karotten-Dreierlei 66
Sugar-Snap-Salat 67
Roher Rotkohlsalat 68
Wachsbohnensalat 70
Christins Krautsalat 71
Rote-Bete-Carpaccio 72
Grüne-Bohnen-Salat 74
Grüner Spargel-Rucola-Erdbeer-Salat 75

PESTOS UND SAUCEN

Basilikumpesto 76
Avocado-Pesto 77
Rauchige Champignonrahmsauce 78
Rucola-Petersilien-Mandel-Pesto 80
Schottische Champignon-Spinat-Sauce 80

SUPPEN

Basische Fastenbrühe 81
Tomaten-Basilikum-Suppe 82
Japanische Zucchininudelsuppe 84
Kürbissuppe 86
Rote-Bete-Suppe 87
Gazpacho 88
Senfsuppe 89
Scharfe Zwiebelsuppe 90

HAUPTGERICHTE

Champignons mit Oregano 92
Hamli (Geschmorter Spinat aus Eritrea) 94
Calçotada 95
Portobello-Burger 96
Kartoffelsalat mit Schmorgurken 98
Cremig gefüllte Champignonköpfe 99
Kartoffel-Blumenkohl-Curry 100
Scharfe Kartoffelwürfel 101
Grüne Spargelspitzen mit Tomaten 102
Warmer Tomatensalat im Paprika-boot 104
Kartoffelpuffer 105
Brokkoli mit Mandeln 106
Gegrillte Paprika in Knoblauchöl 108
Mangold-Zuckerschoten-Gemüse 110
Zucchini-Kartoffel-Puffer 111
Bruschetta auf Süßkartoffel-Toastie 112
Saubohnen-Erbsen-Mash auf gebratener Süßkartoffel 114
Fruchtig-süßer Rotkohl 116
Gnocchitorte 118
Gebackene Auberginenscheiben auf Rucola-Salat 120
Kartoffelpüree-Sauerkraut-Bratlinge 122
Marokkanisch gebackener Blumen-kohl 122
Gemüse-Tajine 124
Marinierte Zucchini 126
Kanarischer Kartoffelsalat 127
Marokkanische Karotten 128
Knoblauchfenchel, Kürbis und gebratene Birnen 130
Kartoffel-Brokkoli-Auberginen-Auflauf 132
Kartoffeln mit Blattspinat 134
Zucchinispaghetti mit Rucola-Petersilie-Mandel-Pesto 135
Ofengemüse 136

Bratpaprika (Pimientos de Padrón) 137
Knoblauchtomaten 138
Indischer Weißkohl mit Erbsen 140
Italienische Champignons 141
Champignons, mit Sellerie und Maronen gefüllt 142
Kartoffel-Chips 143
Bratkartoffeln mit Mangoldgemüse 144
Maronen-Kartoffel-Gnocchi 146
Rosenkohl und Maronen-Kartoffel-Gnocchi 148
Sellerie-Kartoffel-Stampf mit Wurzelgemüse 150
Steffis Pie 152
Kartoffelsalat 153
Blumenkohlschnitzel 153
Bratkartoffeln mit Spinat und frischen Tomaten 154
Papas Arrugadas (Spanische Runzelkartoffeln) 156
Spanischer Spinat 156
Blumenkohlreis 157

SÜSSES

Cremige Bananen-Mango-Nicecream 158
Gebackene Banane mit roher Himbeer-Maracuja-Sauce 160
Energy-Bites 161
Rohe, zuckerfreie Erdbeer-Granita 162
Mousse au Chocolat 163
Bratapfel 164

GETRÄNKE

Lauwarmes Zitronenwasser 166
Apfelessigwasser 166
Glühpunsch 167
Scharfer Erkältungstee 168
Erfrischende Zitronen-Minze-Lavendel-Limonade 169

Bibliografische Information der Deutschen Nationalbibliothek
Die Deutsche Nationalbibliothek verzeichnet diese Publikation in der deutschen Nationalbibliografie; detaillierte bibliografische Daten sind im Internet über http://dnb.ddb.de/ abrufbar.

ISBN 978-3-8426-2913-4 (Print)
ISBN 978-3-8426-2914-1(PDF)
ISBN 978-3-8426-2915-8 (EPUB)

Fotos:
Stefanie Arlt, Arlt Entertainment: Covermotiv, 4, 30/31, 32, 33, 34, 35, 36, 37, 38, 39, 44, 45, 47, 49, 50, 51, 53, 55, 56, 57, 58, 59, 61, 62, 63, 65, 66, 67, 69, 70, 73, 74, 75, 76, 77, 79, 83, 85, 87, 88, 89, 91, 93, 94, 95, 97, 103, 107, 109, 113, 115, 117, 119, 121, 122, 123, 125, 127, 129, 131, 133, 135, 137, 139, 141, 145, 147, 149, 151, 155, 159, 161, 162, 163, 165, 167, 169, 176
Stefan Arlt, Arlt Entertainment: 5, 3. Umschlagseite
Stock.adobe.com: Alesia Berlezova: 1; fabiomax: 6/7; Corinna Gissemann: 26

2. Auflage

Die Ratgebermarke der Schlüterschen Verlagsgesellschaft mbH & Co. KG
Hans-Böckler-Allee 7, 30173 Hannover
www.humboldt.de
www.schluetersche.de

Aus Gründen der besseren Lesbarkeit wurde in diesem Buch die männliche Form gewählt, nichtsdestoweniger beziehen sich Personenbezeichnungen gleichermaßen auf Angehörige des männlichen und weiblichen Geschlechts sowie auf Menschen, die sich keinem Geschlecht zugehörig fühlen.
Autorin und Verlag haben dieses Buch sorgfältig erstellt und geprüft. Für eventuelle Fehler kann dennoch keine Gewähr übernommen werden. Weder Autorin noch Verlag können für eventuelle Nachteile oder Schäden, die aus in diesem Buch vorgestellten Erfahrungen, Meinungen, Studien, Therapien, Methoden und praktischen Hinweisen resultieren, eine Haftung übernehmen. Insgesamt bieten alle vorgestellten Inhalte und Anregungen keinen Ersatz für eine medizinische Beratung, Betreuung und Behandlung.

Lektorat: Ulrike Schöber, Dortmund
Layout: Groothuis, Lohfert, Consorten, Hamburg
Covergestaltung: Zero, München
Satz: Die Feder, Konzeption vor dem Druck GmbH, Wetzlar
Druck und Bindung: Gutenberg Beuys Feindruckerei GmbH, Langenhagen